초등 영어 리더의 한 수

영리한
영문장 쓰기

다락원

주선이 선생님은…

중학교 영어 교사를 거쳐 ㈜대교와 ㈜엔엑스씨(NXC)에서 근무하셨고, 영어 학원을 운영하셨습니다. 학생들이 영어를 쉽고 재미있게 배울 수 있도록 다수의 베스트셀러 영어교재를 집필하시고, 애니메이션 개발에도 참여하셨습니다. 현재는 (주)캐치잇플레이에서 모바일 영어학습 앱 '캐치잇 잉글리시'를 개발 중이십니다.

대표 저서: 〈영리한 영문법〉, 〈기적의 영어문장 만들기〉, 〈바쁜 5·6학년을 위한 빠른 영어특강 영어 시제편〉 등 다수

초등 영어 리더의 한 수 **O━┳**

영리한 영문장 쓰기

지은이 주선이
펴낸이 정규도

초판 1쇄 인쇄 2019년 4월 19일
초판 2쇄 발행 2021년 11월 2일

편집장 최주연
책임편집 치주연, 장경희, 권미정
표지·본문 디자인 이은희
전산편집 엘림
일러스트 이나영

◪다락원 경기도 파주시 문발로 211
내용문의 (02)736-2031 내선 510, 513
구입문의 (02)736-2031 내선 250~252
Fax (02)732-2037
출판등록 1977년 9월 16일 제406-2008-000007호

값 14,000원
ISBN 978-89-277-0437-9   63740

초등 영어 리더의 한 수

영리한
영문장 쓰기

 이 책에서 만나볼 문장 요소들

I	주어	**am**	서술어(be동사, 일반동사)
me	목적어	**can**	조동사
not	부정어	**I'm**	주어+서술어 축약
isn't	동사 + not 축약	**can't**	조동사 + not 축약
Why	의문사	**from**	그 외 모든 것

오늘날에는 컴퓨터와 더 잘 소통하기 위해서 C++, 자바, 파이썬과 같은 컴퓨터 언어와 그 문법을 많이들 배우고 있죠. 그렇다면, 사람들끼리 소통하기 위해서는 무엇을 배워야 할까요? 당연히 사람들의 언어를 배워야겠죠!

그 많은 언어들 가운데 세계적으로 가장 널리 사용되는 언어가 바로 영어죠. 미국은 물론 여러 나라 사람들을 만나서 영어로 이야기를 나누다 보면 금방 친구가 돼요. 게다가 인터넷에서도 영어가 가장 많이 쓰이기 때문에 아직 국내에 소개되지 않은 최신 정보도 바로 얻을 수 있죠.

다른 언어를 배우면 그 언어와 함께 새로운 사고방식과 다른 문화도 체험하게 되죠. 생각을 나타내는 가장 기본 단위인 '문장'에 이 사고방식이 잘 담겨 있어요. 그럼, 우리말과 영어에 담긴 사고방식은 어떻게 다를까요?

Mary likes Bob. (Mary는 Bob을 좋아해/좋아해요/좋아합니다.)

( ) 안의 우리말 번역에서는 동사가 문장 맨 뒤에 오지만 영어 문장에서는 동사가 좀 더 앞 부분에 나와요. 그래서 '영어는 처음에 잘 듣고, 한국어는 끝까지 들어야 한다.'고들 하죠. 우리말이 듣는 사람에 맞춰서 높임말을 쓰는 것과 달리 영어는 말하는 사람 중심으로 표현하기 때문에 따로 높임말이 없어요. 그래서 상황과 듣는 사람에 따라 여러 가지 어투로 해석할 수 있답니다.

Do you have any plans? (계획 있어/있어요/있습니까?)

위의 묻는 문장에서 영어 어순이 달라졌죠? 우리말에서는 '나', '너'라는 대명사를 자주 생략하지만 영어에서는 꼭 써줘요. 또, 같은 의미라도 영어는 '소유(가지다)'를 강조한다면 우리말은 '존재(있다)' 중심으로 표현해요.

이렇듯 우리말과 다른 영어를 쉽게 배우기 위해서는 동사를 중심으로 어순(말의 순서)을 꼭 익혀야 해요. 그래서 영리한 영문장 쓰기에서는 동사를 be동사, 일반동사, 조동사로 나눈 후 각 동사들을 중심으로 문장을 구성하는 훈련을 해볼 수 있도록 했어요.

영어를 보다 빠르고 쉽게 배우는 또 한 가지 비결은 가장 중요하고 가장 많이 쓰이는 것부터 먼저 익히는 거예요. 영리한 영문장 쓰기로 가장 많이 쓰이는 회화 표현의 100가지 패턴을 단계적으로 익히고, 총 600개의 문장을 여러분의 것으로 만들어 보세요.

여러분과 대화를 나누고 싶은 사람 사이에 '대화의 문'이 자물쇠로 잠겨 있다고 상상해 보세요. 이 문을 열기 위해서는 단어를 어순에 맞게 배열해야만 정확한 의미를 전달하고 '대화의 문'을 열 수 있어요. 영리한 영문장 쓰기에서는 문장의 기본이 되는 1) 단어부터 먼저 배운 뒤, 2) 패턴의 특성을 이해하고, 3) 단어를 패턴에 맞춰서 적용시켜가는 연습을 단계적으로 할 수 있도록 구성했어요.

영어를 잘 한다는 것은 영어로 '읽고, 듣고, 쓰고, 말하기'를 모두 자유롭게 할 수 있다는 뜻이죠. 그래서 공부할 때도 모든 감각을 동원해 반복해야 해요. 먼저 핵심 패턴을 귀와 눈으로 익히고 손으로 써보며 입으로 연습한 뒤, 잠자기 전에 꼭 소리 내어서 문장을 말해 보세요. 그런 연습이 매일 쌓이면 필요한 문장이 한국어를 거치지 않고 바로 입에서 툭 튀어나오는 신기한 경험을 하게 될 거예요.

마지막으로 한마음으로 함께 고민하며 이 책을 잘 만들어 준 다락원 편집부 식구들과 이 땅에 다양한 언어를 허락해주신 하나님께 감사 드려요.

2019년 4월

주선이

이 책의 차례

Chapter 1 be동사

Unit 01 내 이름은 윤하야. 12

Unit 02 나는 열 살이야. 15

Unit 03 난 아주 좋아. 18

Unit 04 모자가 마음에 안 들어. 21

Unit 05 난 네가 걱정돼. 24

Unit 06 정말 미안해. 27

Unit 07 만나서 정말 반가워. 30

Unit 08 조심하세요! 33

Unit 09 이분은 새로 오신 선생님이야. 36

Unit 10 이것은 내 이메일 주소야. 39

Unit 11 그는 Ann의 삼촌이야. 42

Unit 12 우리는 파티를 열려고 해. 45

Unit 13 가까이에 버스 정류장이 있니? 48

Unit 14 전 지금 숙제를 하고 있거든요. 51

Chapter 2 일반 동사

Unit 15 정말 울고 싶은 기분이야. feel 56

Unit 16 나는 꿈이 있어. have 59

Unit 17 머리가 아파. have 62

Unit 18 전 아침으로 토스트를 먹어요. have 65

Unit 19 저 노래를 알아요. know 68

Unit 20 너 오늘 좋아 보인다. look 71

Unit 21 난 네 이야기가 무척 좋아. like 74

Unit 22 주스 좀 주세요. like 77

Unit 23 곧 시작합시다. let 80

Unit 24 네 도움이 필요해. need 83

Unit 25 저는 보통 저녁에 산책을 해요. take 86

Unit 26 충고 정말 고마워. thank 89

Unit 27 네가 틀린 것 같아. think/believe 92

Unit 28 난 여기 있고 싶지 않아. want 95

Chapter 3 조동사

Unit 29 난 중국어를 할 수 있어. ^{can} 100

Unit 30 부탁 하나 해도 될까요? ^{can} 103

Unit 31 내 숙제 좀 도와줄 수 있어? ^{can} 106

Unit 32 나는 내일 한가할 거야. ^{will} 109

Unit 33 저는 잠들지도 몰라요. ^{may} 112

Unit 34 난 지금 이것을 끝내야 해. ^{have to} 115

Unit 35 나는 일찍 일어날 필요가 없어. ^{have to} 118

Unit 36 제가 영어로 써야 해요? ^{have to} 121

Unit 37 너는 다른 이들에게 친절해야해. ^{should} 124

Unit 38 난 이것을 먼저 해야겠어. ^{should} 127

Chapter 4 의문사

Unit 39 오늘 날씨는 어때요? ^{what} 132

Unit 40 너 1교시 수업이 몇 시야? ^{what} 135

Unit 41 정말 아름다운 집이야! ^{what} 138

Unit 42 네 영어 선생님은 누구시니? ^{who} 141

Unit 43 누가 이것을 할 수 있어? ^{who} 144

Unit 44 당신의 생일은 언제인가요? ^{when} 147

Unit 45 여기가 어디예요? ^{where} 150

Unit 46 어디서 축구를 하니? ^{where} 153

Unit 47 스테이크를 어떻게 해 드릴까요? ^{how} 156

Unit 48 일행이 몇 분이세요? ^{how} 159

Unit 49 얼마나 자주 등산을 가세요? ^{how} 162

Unit 50 너 왜 피곤해 보이니? ^{why} 165

이 책은 이렇게 보세요!

영문장의 골든키(golden key)를 잡아라!

문장의 열쇠인 단어! 이 단어들을 어떻게 배열해야 하나의 올바른 문장이 될까요? 영리한 영문장 쓰기는 여러분에게 **문장을 이루는 핵심 비법인 골든키**를 드릴 거예요. 바로 이 책에서 소개하는 100개의 패턴이죠!

100개의 골든키를 모두 획득하여 이것으로 **회화 문장**을 만들어 보세요. 교과부가 제시하는 '의사소통 기능과 예시문,' '의사소통에 필요한 언어 형식'을 기반으로 구성한 **패턴 문장 100개와 핵심 회화 문장 500개, 총 600개의 강력한 아이템**을 장착하게 될 거예요.

단어에서 구, 그리고 구에서 문장으로! 쉽지만 단계적이고 효과적인 훈련으로 상황에 맞는 문장이 입에서 척척 나오는 신기한 경험을 해보세요.

> 오늘의 첫 번째 골든키는 뭐지?

> 내 이름을 말하는 표현이에요.
> 바로, My name is ~.와 I am~.

> 오, 잘 알고 있구나.
> 그럼, 책에 있는
> 문장 만들기 퀘스트는
> 다 성공했나?

> 그럼요! 골든키에
> 단어만 바꿔 넣으면 되니까
> 어렵지 않아요~

상황 그림
어떤 상황에서 이런 문장을 말하는지 한눈에 알 수 있어요.
파란 말풍선의 대사를 영어로 어떻게 표현할지 생각해 봐요.

패턴 설명
한 Unit에서 파란 말풍선의 대사를 영어로 완성할 수 있는
두 개의 패턴을 배울 거예요. 배울 패턴에 관한 설명을 차근
차근 읽어 보세요.

문장의 열쇠, 단어
해당 Unit에서 만들어 볼 문장에 필요한 단어들을 미리
익혀 두세요. 원어민의 발음도 큰 소리로 따라 해봐요.

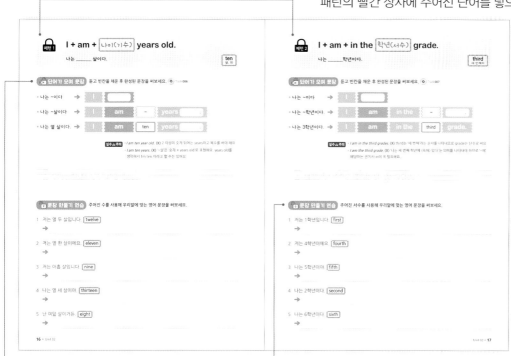

문장의 골든키, 패턴
해당 Unit에서 배울 패턴, 즉 골든키의 실체를 한눈에 파악해요.
패턴의 빨간 상자에 주어진 단어를 넣으면 문장이 완성돼요.

단어가 모여 문장
단어에서 구로, 구에서 문장으로!
빈칸을 채우며 단계적으로 문장이 완성되는
과정을 스스로 체험해 보세요.

문장 만들기 연습
위에서 획득한 골든키를 활용해서 다른 5개의 문장을
만들어 보는 퀘스트예요. 꼭 성공해서 여러분의 실력을
확실히 보여주세요.

100 패턴 500 문장 쓱싹 익히기 워크북
각 유닛의 문장 만들기 연습에서 학습한 500 문장들을
한꺼번에 모아 다시 복습할 수 있어요.
먼저 해당 패턴에 맞게 구나 기본 문장을 만들어 보고,
이를 이용해 완전한 문장을 완성해 보세요.

〈특별 부록〉
• 100 패턴 500 문장 쓱싹 익히기 워크북
• MP3 파일, 패턴 리스트, 단어 리스트 무료 다운로드
  QR코드 또는 www.darakwon.co.kr

Chapter 1
be동사

be동사로 나 또는 다른 사람을 소개하고,
감정과 상태를 표현하는 문장을
만들 수 있어요.

Unit 01 자기 소개하기 1
패턴 1 My name is ~./I am ~.
패턴 2 I am from ~.

Unit 02 자기 소개하기 2
패턴 1 I am ~ years old.
패턴 2 I am in the ~ grade.

Unit 03 감정·상태 묻고 답하기
패턴 1 I am (very/a little) ~.
패턴 2 Are you ~ now?

Unit 04 만족·불만족 표현하기
패턴 1 I'm not happy with ~.
패턴 2 Are you happy with ~?

Unit 05 걱정·두려움 표현하기
패턴 1 I'm worried about ~.
패턴 2 I'm afraid of ~.

Unit 06 미안한 이유 표현하기
패턴 1 I am (very) sorry about ~.
패턴 2 I'm (very) sorry to ~.

Unit 07 기쁜 이유·준비된 것 표현하기
패턴 1 I'm so glad to ~.
패턴 2 I'm ready to ~.

Unit 08 경고하기 / 안심시키기
패턴 1 Please be ~.
패턴 2 Don't be so ~.

Unit 09 다른 사람 소개하기
패턴 1 This is my ~.
패턴 2 These are my ~.

Unit 10 전화로 소개하기 / 자신의 것 소개하기
패턴 1 Hello, this is ~ speaking.
패턴 2 This is my ~.

Unit 11 누구인지 표현하기 / 상태 묻기
패턴 1 He is _____'s ~.
패턴 2 Is he/She really ~?

Unit 12 자신의 계획·의도 표현하기
패턴 1 We're/I'm going to ~.
패턴 2 I'm not going to ~.

Unit 13 존재 표현하기
패턴 1 Is there a ~ nearby?
패턴 2 There are so many ~.

Unit 14 현재 하고 있는 일 말하기
패턴 1 I'm 동사-ing ~ now.
패턴 2 Are you still 동사-ing ~?

내 이름은 윤하야.

처음 만난 친구에게 나를 소개하는 문장은 어떻게 만들면 될까요?
be동사를 이용하여 나의 이름과 출신을 알려주는 표현을 익혀봐요.

Hi. What's your name?
안녕. 네 이름은 뭐니?

Where are you from?
넌 어디에서 왔니?

내 이름은 윤하야.

나는 한국 출신이야.

 패턴 1 내 이름은 윤하야.

자신의 이름을 말할 때는 My name is OOO.라고 해요. I am OOO.라고 해도 돼요.

 패턴 2 나는 한국 출신이야.

'난 한국 출신이야.'라고 하면 한국에서 왔다는 뜻이죠. 이렇게 내가 어느 도시나 나라 출신인지 말해줄 때는 I am from 다음에 장소, 즉 도시나 나라 이름을 쓰면 된답니다. 이때 사람이나 도시(Seoul, New York), 나라(America, Korea) 이름의 첫 글자는 꼭 대문자로 써야 해요.

 **문장의 열쇠, 단어** 듣고 큰 소리로 따라 읽어 보세요. ⊙ Track 002

- **my** 나의
- **name** 이름
- **I am** 나는 ~이다
- **be from** ~ 출신이다(*cf.* from ~으로부터)
- **Seoul** 서울

- **China** 중국
- **Canada** 캐나다
- **New York** 뉴욕
- **the United States** 미국

My name + is + 이름(명사) . = I + am + 이름 .

내 이름은 _____야. = 나는 _____야.

Yoonha
윤하

🔓 단어가 모여 문장   듣고 빈칸을 채운 후 완성된 문장을 써보세요. ◉ Track 003

- 내 이름 ➡ **My** [ ]

- 내 이름은 ~이다 ➡ **My name** [ ]

- 내 이름은 윤하야. ➡ **My name**   **is**   Yoonha.

실수⚠주의 • *my name Yoonha.* (X) 동사가 없으면 문장이 아니에요.
- *my name is yoonha.* (X) 문장 첫 글자와 이름 첫 글자는 항상 대문자로 써요.
- *I is Yoonha.* (X) I와 함께 어울리는 be동사는 is가 아니라 am이에요.

My name is Yoonha.   I am Yoonha.

🔓 문장 만들기 연습   주어진 이름을 사용해 우리말에 맞는 영어 문장을 써보세요.

1   내 이름은 탐이야. [Tom]

➡   *My name is Tom.*

2   제 이름은 제인입니다. [Jane]

➡

3   저는 미코입니다. [Miko]

➡

4   나는 김민호야. [Kim Minho]

➡

5   저의 이름은 헨리입니다. [Henry]

➡

I + am + from 장소(명사).

나는 _____ 출신이다[_____ 에서 왔다].

Korea
한국

단어가 모여 문장 듣고 빈칸을 채운 후 완성된 문장을 써보세요. ⊙ Track 004

• 나는 ~이다 → I [ ]

• 나는 ~출신이다 → I am [ ]

• 나는 한국 출신이다. → I am from Korea.

실수⚠주의
• *I am Korea.* (▲) 전치사 from이 없으면 '나는 한국이다.' 라는 뜻이 돼버려요.
• *i am from korea.* (X) '나(I)'와 도시, 나라 이름 첫 글자는 항상 대문자로 써요.

I am from Korea.

문장 만들기 연습 주어진 지명을 사용해 우리말에 맞는 영어 문장을 써보세요.

1 나는 서울 출신이야. Seoul
→ _____

2 나는 중국에서 왔어. China
→ _____

3 저는 캐나다 출신이에요. Canada
→ _____

4 나는 뉴욕에서 왔어요. New York
→ _____

5 저는 미국 출신이에요. the United States
→ _____

나는 열 살이야.

나이와 학년은 어떻게 나타낼까요? 둘 다 숫자를 쓰지만 수를 쓰는 방식이 달라요.
be동사를 이용하여 나의 나이와 학년을 소개해 봐요.

패턴 1 나는 열 살이야.

영어에서는 나이를 말할 때와 학년을 말할 때 쓰는 숫자가 달라요! 무슨 말이냐고요? 먼저, '나는 열 살이야.'라고 할 때는 우리가 흔히 아는 보통 숫자 ten(10)을 써요. 이런 숫자를 어려운 말로 '기수'라고 해요. 그래서 I am ten years old.라고 하는데 이 때 years old는 생략할 수도 있어요.

패턴 2 나는 3학년이야.

학년을 말할 때는 '첫 번째, 두 번째, 세 번째'처럼 순서를 나타내는 수, 즉 '서수'가 필요해요. '나는 3학년이야.'를 영어로 올바르게 표현하려면 '나는 세 번째 학년에 (속해) 있어(I am in the third grade.).'라고 해야 하거든요. 여기서 third가 바로 서수랍니다.

🔑 문장의 열쇠, 단어 듣고 큰 소리로 따라 읽어 보세요. 🎧 Track 005

- **~years old** (나이가) ~살인
- **ten** 열, 10
- **twelve** 열 둘, 12
- **eleven** 열 하나, 11
- **nine** 아홉, 9

- **thirteen** 열 셋, 13
- **eight** 여덟, 8
- **in** ~에
- **third** 세 번째의
- **grade** 학년, 성적, 학점; 채점하다, 성적을 매기다

- **first** 첫 번째의
- **fourth** 네 번째의
- **fifth** 다섯 번째의
- **second** 두 번째의
- **sixth** 여섯 번째의

I + am + 나이(기수) years old.

나는 _____ 살이다.

ten
열, 10

단어가 모여 문장 듣고 빈칸을 채운 후 완성된 문장을 써보세요. Track 006

● 나는 ~이다 → I [ ]

● 나는 ~살이다 → I am ~ years [ ].

● 나는 열 살이다. → I am ten years [ ].

실수⚠️주의
● *I am ten year old.* (X) 2 이상의 숫자 뒤에는 years라고 복수를 써야 해요.
● *I am ten years.* (X) '~살'은 '숫자 + years old'로 표현해요. years old를 생략해서 I'm ten.이라고 할 수는 있어요.

I am ten years old.

문장 만들기 연습 주어진 수를 사용해 우리말에 맞는 영어 문장을 써보세요.

1 저는 열 두 살입니다. twelve
→ _____

2 저는 열 한 살이에요. eleven
→ _____

3 저는 아홉 살입니다. nine
→ _____

4 나는 열 세 살이야. thirteen
→ _____

5 난 여덟 살이거든. eight
→ _____

패턴 2 **I + am + in the** 학년(서수) **grade.**

나는 _____학년이다.

third
세 번째의

🔑 **단어가 모여 문장** 듣고 빈칸을 채운 후 완성된 문장을 써보세요. ⊙ Track 007

- 나는 ~이다   ➡️ **I** [   ]

- 나는 ~학년이다. ➡️ **I** **am** **in the** [~] [   ] **.**

- 나는 3학년이다. ➡️ **I** **am** **in the** [third] **grade.**

실수⚠️주의 • *I am in the third grades.* (X) third는 '세 번째'라는 순서를 나타내므로 grade는 단수로 써요.
   • *I am the third grade.* (X) '나는 세 번째 학년에 (속해) 있다.'는 의미를 나타내야 하므로 '~에' 해당하는 전치사 in이 꼭 필요해요.

I am in the third grade.

🔓 **문장 만들기 연습** 주어진 서수를 사용해 우리말에 맞는 영어 문장을 써보세요.

1 저는 1학년입니다. first
   ➡️ _____

2 저는 4학년이에요. fourth
   ➡️ _____

3 나는 5학년이야. fifth
   ➡️ _____

4 나는 2학년이다. second
   ➡️ _____

5 나는 6학년이다. sixth
   ➡️ _____

난 아주 좋아.

Unit 03

인사를 나누거나, 병원 진료를 받을 때 몸의 상태는 어떻게 표현할까요?
상대방의 상태나 감정이 궁금할 때 어떻게 묻는지도 배워봐요.

Hi. How do you feel today?
안녕, 오늘 몸[컨디션/기분]이 어때?

난 아주 좋아. Thanks.

지금 행복해?

Yes, I am so happy.
응, 난 아주 행복해.

 패턴 1 난 아주 좋아.

상태나 기분을 묻는 인사에 대답할 때는 I'm 뒤에 해당되는 형용사를 써요. 형용사는 사람의 상태나 기분을 나타내는 말로,
be동사(am, are, is) 다음에 써야 해요. 의미를 좀 더 강조하기 위해서 형용사 앞에 very(매우), so(아주) 또는
a little(약간)을 써도 좋아요.

 패턴 2 지금 행복해?

상대방의 기분이나 상태를 물을 때는 be동사 의문문을 이용해요. be동사 의문문은 be동사(am/are/is)를 주어 앞으로 옮겨
Are you~?라는 형태로 만들어요. 그 뒤에 감정이나 상태를 나타내는 형용사를 쓰면 돼요.

🔑 **문장의 열쇠, 단어** 듣고 큰 소리로 따라 읽어 보세요. 🔘 Track 008

- **very** 매우, 아주
- **a little** 조금
- **good** 좋은
- **nervous** 긴장되는
- **tired** 피곤한
- **hot** 더운, 뜨거운
- **excited** 신나는, 흥분한
- **scared** 무서운
- **Are you~?** 너는 ~이니?
- **happy** 행복한
- **now** 지금
- **sad** 슬픈
- **sleepy** 졸린
- **angry** 화난
- **bored** 지루한
- **busy** 바쁜

패턴 1 I + am + (very / a little) 상태/감정(형용사).

나는 (매우 / 약간) _____ 하다.

good
좋은

🔓 단어가 모여 문장 | 듣고 빈칸을 채운 후 완성된 문장을 써보세요. 🎧 Track 009

- 나는 ~이다 ➡ I
- 나는 아주 ~하다 ➡ I am very
- 나는 아주 좋다. ➡ I am very good.

> **실수 ⚠ 주의**
> - *I very good.* (X) 영어 문장에는 주어와 동사가 꼭 있어야 하고, 주어의 상태를 나타내려면 be동사가 필요해요.
> - *I very good am.* (X) 우리말에선 동사가 맨 뒤에 오지만 영어에선 주어 다음에 동사를 써야 해요.

I am very good.

🔓 문장 만들기 연습 | 주어진 형용사를 사용해 우리말에 맞는 영어 문장을 써보세요.

1 저는 약간 긴장이 돼요. nervous
➡ _____

2 나는 아주 피곤해. tired
➡ _____

3 전 약간 더워요. hot
➡ _____

4 나는 아주 신나[흥분돼]. excited
➡ _____

5 저는 조금 무섭네요. scared
➡ _____

패턴 2 # Are + you + 상태/감정(형용사) + now?

너는 지금 _____하니?

happy
행복한

🔓 단어가 모여 문장 듣고 빈칸을 채운 후 완성된 문장을 써보세요. **Ⓞ** Track 010

- 너는 ~이다 ➡ You [   ]

- 너는 ~이니? ➡ [   ] you [~?]

- 너는 행복하니? ➡ Are you [?]

- 너는 지금 행복하니? ➡ Are you happy now?

실수⚠주의
- *You are happy?* (X) 영어에서 묻는 문장, 즉 의문문은 주어와 be동사의 순서를 바꿔 써요.
- *Are you now happy?* (X) 영어 문장에서는 보통 시간을 나타내는 부사는 맨 뒤에 써요.

Are you happy now?

🔓 문장 만들기 연습 주어진 형용사를 사용해 우리말에 맞는 영어 문장을 써보세요.

1 당신은 지금 슬퍼요? [sad]
➡

2 너는 매우 졸리니? [sleepy]
➡

3 지금 화가 나셨어요? [angry]
➡

4 지금 지루하십니까? [bored]
➡

5 당신 지금 바빠요? [busy]
➡

모자가 마음에 안 들어.

만족감과 불만족은 어떻게 표현할까요?
be동사를 이용하여 부정문과 의문문을 만들어봐요.

> **Are you happy with the way you look?**
> 네 모습이 마음에 들어?

> **Sure. I'm happy with you.**
> 그럼. 너랑 있어서 좋아.

> No. 내 모자가 마음에 안 들어.

> 넌 나와 함께 있어 행복하니?

 패턴 1 내 모자가 마음에 안 들어.

어떤 일에 대한 만족감을 나타낼 때 I'm happy with ~.를 써요. happy with 뒤에는 만족감을 주는 대상을 써요. I'm은 I am을 줄인 표현이에요. 불만족을 나타낼 때는 be동사 뒤에 부정을 나타내는 not을 써서 I'm not happy with ~.라고 해요.

 패턴 2 넌 나와 함께 있어 행복하니?

상대방이 만족하는지 물어볼 때는 Are you happy with ~?라고 해요. 의문문이니까 be동사를 문장 맨 앞에 써요. 이때 happy 대신에 pleased를 써도 같은 의미가 돼요. 전치사 with 뒤에 사람이 나오면 '~와 함께'라는 의미가 되죠.

🔑 문장의 열쇠, 단어   듣고 큰 소리로 따라 읽어 보세요. ⊙ Track 011

- **I'm** I am(나는 ~이다)의 축약형
- **not** ~아닌
- **with** ~와 함께
- **cap** 모자
- **school** 학교
- **picture** 그림, 사진
- **this** 이; 이것, 이 사람
- **story** 이야기
- **room** 방, 객실
- **myself** 나 자신
- **with me** 나와 함께
- **gift** 선물
- **your** 너의
- **job** 직업
- **school life** 학교 생활
- **new** 새로운
- **bike** 자전거
- **service** 서비스, 봉사

패턴 1 I'm + not + happy with 대상(명사).

나는 _____에 대해 불만이야[마음에 안 들어].

my cap
내 모자

🔒 단어가 모여 문장 듣고 빈칸을 채운 후 완성된 문장을 써보세요. 🔘 Track 012

• 나는 행복하다(만족한다). → [_____] happy.

• 나는 만족스럽지 않다. → I'm [_____] happy.

• 나는 ~에 만족스럽지 않다 → I'm { not } happy with

• 나는 내 모자가 만족스럽지 않다. → I'm { not } happy with [_____].

실수⚠주의 • *I'm happy not with my cap.* (X) not은 be동사 뒤에서 '~가 아니다'라는 의미로 쓰여요.
• *I'm not happy about my cap.* (X) 형용사 happy와 짝을 이루는 전치사는 with예요.

I'm not happy with my cap.

🔓 문장 만들기 연습 주어진 표현을 사용해 우리말에 맞는 영어 문장을 써보세요.

1 내 학교에 만족해요. [my school]
→

2 내 그림이 마음에 안 들어. [my picture]
→

3 이 이야기가 마음에 안 들어. [this story]
→

4 저는 이 방에 만족해요. [this room]
→

5 난 내 자신이 마음에 안 들어. [myself]
→

패턴 2 Are + you + happy with 대상(명사) ?

너는 _____와 함께 있어 행복하니[_____에 만족하니]?

me
나를

단어가 모여 문장 듣고 빈칸을 채운 후 완성된 문장을 써보세요. ◉ Track 013

- 너는 행복하다. → You are [   ] .

- 너는 행복하니? → [   ] you happy?

- 너는 ~와 함께 있어 행복하니? → Are you happy with ~?

- 너는 나와 함께 있어 행복하니? → Are you happy with [   ] ?

실수⚠주의
- *Are you happy with I?* (X) 전치사 with 뒤에 나오는 대명사는 목적격! I의 목적격 me를 써야 해요.
- *Are you happy like me?* (▲) 전치사 like는 '~처럼'이므로 like me는 '나처럼'이라는 다른 뜻이 돼버려요.

Are you happy with me?

문장 만들기 연습 주어진 표현을 사용해 우리말에 맞는 영어 문장을 써보세요.

1 너는 선물이 마음에 드니? the gift

→ _____

2 당신 직업에 만족하세요? your job

→ _____

3 너는 학교 생활에 만족하니? your school life

→ _____

4 네 새 자전거가 마음에 드니? your new bike

→ _____

5 당신은 서비스에 만족하세요? the service

→ _____

난 네가 걱정돼.

친구나 가족이 걱정될 때가 있죠? 또 밤에 혼자 있으면 무섭기도 하지요.
형용사와 짝을 이루는 전치사를 이용하여 걱정과 두려움을 표현해 봐요.

Are you OK, Jenny?
제니야, 괜찮아?

No. 난 혼자 있는
게 무서워.

난 네가 걱정돼.

🔒 **패턴 1** 난 네가 걱정돼.

감정을 나타내는 형용사 worried는 '걱정하는'이란 뜻이에요. I'm worried 뒤에 '~에 대하여'라는 뜻의 전치사 about을 쓰고, 그 다음에 무엇을 걱정하는지 쓰면 돼요. '약간' 걱정이 될 때는 a little을 worried 앞에 써 보세요. '걱정하지 않는다'고 부정할 때는 I'm 뒤에 not을 넣어요.

🔒 **패턴 2** 난 혼자 있는 게 무서워.

형용사 afraid에는 '유감스러운'과 '두려워[무서워]하는'이라는 두 가지 뜻이 있어요. '두려워[무서워]하는'이라는 뜻일 때는 보통 전치사 of와 함께 I'm afraid of ~.로 써요. 전치사 of 뒤에는 명사나 동사의 명사형(동사원형 + -ing = being, going, eating 등)을 써야 해요. '안 무섭다'고 할 때는 I'm 뒤에 not을 붙여 I'm not afraid of ~.라고 하면 돼요.

🔑 **문장의 열쇠, 단어** 듣고 큰 소리로 따라 읽어 보세요. 🔘 Track 014

- **worried about** ~에 대해 걱정되는
  (cf. about ~에 대해, ~에 관하여)
- **exam(= examination)** 시험
- **future** 미래
- **friend** 친구
- **her** 그녀의, 그녀를

- **health** 건강
- **them** 그들을
- **afraid of** ~을 두려워하는
  (cf. afraid 두려운)
- **be alone** 혼자 있다
- **spider** 거미

- **dog** 개
- **go into the water** 물속에 들어가다
- **board a plane** 비행기를 타다
- **get hurt** 다치다

I'm + worried about 걱정하는 것(명사).

나는 _____에 대해 걱정돼.

you
너

단어가 모여 문장 듣고 빈칸을 채운 후 완성된 문장을 써보세요. ● Track 015

• 난 걱정된다 → I'm [ ]

• 난 ~에 대해 걱정된다 → I'm worried [ ]

• 난 너에 대해 걱정된다. → I'm worried about [ ].

* 난 너에 대해 걱정하지 않는다. → I'm not worried about you.

실수⚠주의 • I'm worried you. (X) 걱정하는 대상은 전치사 about 다음에 써요.

I'm worried about you.

문장 만들기 연습 주어진 표현을 사용해 우리말에 맞는 영어 문장을 써보세요.

1 나는 시험이 걱정돼. my exam

→ _____

2 전 저의 미래가 걱정이 됩니다. my future

→ _____

3 난 내 친구들은 걱정이 안 돼. My friends

→ _____

4 저는 그녀의 건강이 걱정되네요. her health

→ _____

5 저는 그들에 대해서는 걱정을 안 합니다. them

→ _____

패턴 2

I'm + afraid of 무서워하는 것(명사(형)) .

나는 _____을 무서워한다.

being alone
혼자 있는 것

🔑 **단어가 모여 문장** 듣고 빈칸을 채운 후 완성된 문장을 써보세요. 🔘 Track 016

• 난 무섭다 → I'm [ ]

• 난 ~을 무서워한다 → I'm afraid [ ]

• 난 혼자 있는 것을 무서워한다. → I'm afraid of [.]

* 난 너를 무서워하지 않는다. → I'm **not** afraid of you.

실수⚠주의 • I am afraid being alone. (**X**) afraid 뒤에 두려움의 대상을 쓸 때는 꼭 전치사 of가 필요해요.
• I am afraid of be alone. (**X**) 전치사 뒤에는 동사형(be) 대신 동사의 명사형(being)을 써야 해요.

I'm afraid of being alone.

🔓 **문장 만들기 연습** 주어진 표현을 사용해 우리말에 맞는 영어 문장을 써보세요.

1 나는 거미를 무서워해. [spiders]

→ _____

2 저는 그 개가 안 무서워요. [the dog]

→ _____

3 나는 물에 들어가기 무서워. [going into the water]

→ _____

4 지는 비행기 티는 것이 무서워요. [boarding a plane]

→ _____

5 난 다치는 게 무섭지 않다. [getting hurt]

→ _____

정말 미안해.

어떤 일에 대해서 사과하고 싶을 때, 또 매우 유감이라거나 안됐다고 할 때는
어떤 표현을 쓰면 되는지 알아봐요.

어제 일은 대단히 미안해.

오늘은 늦어서 미안해.

That's OK.
괜찮아.

🔒 패턴 1 어제 일은 대단히 미안해.

형용사 Sorry(미안한)는 I'm Sorry.라는 형태로 회화에서 정말 많이 쓰이죠. '미안해'라는 의미 이외에도 '안됐다(유감이다)', 또는 말을 잘 못 들었을 때 끝에 물음표를 붙여서 '뭐라고요?'라는 뜻으로도 쓸 수 있답니다. I'm Sorry 다음에 전치사 about이나 for를 쓰고 뭐가 미안한지 밝힐 수 있어요. 이 때 전치사 뒤에 명사나 동사의 명사형(동사원형+-ing = being, going, eating 등)을 쓴다는 것은 이미 배웠죠?

🔒 패턴 2 늦어서 미안해.

I'm Sorry의 이유를 밝히려면 'to 동사원형'을 사용할 수도 있어요. I'm Sorry to 뒤에는 반드시 동사원형을 써요.
'I'm Sorry to+동사원형.'은 '~해서 미안하다' 또는 '~해서 유감이다'라는 뜻이지요.

🔑 문장의 열쇠, 단어　듣고 큰 소리로 따라 읽어 보세요. 🔘 Track 017

- **sorry about** ~에 대해 미안한
- **yesterday** 어제
- **mistake** 실수
- **mess** 지저분함, 엉망인 상태, 난장판
- **brother** 형, 남동생(남자 형제)

- **be late** 늦다
- **bother** 귀찮게 하다
- **call** 전화하다
- **late** 늦게; 늦은
- **wake ~ up** ~을 깨우다

- **hear** 듣다
- **hurt one's feelings** ~의 감정을 해치다
  (cf. hurt 아프게 하다, 다치게 하다)

I'm + (very) sorry about 미안한 내용(명사).

_____에 대해 (정말) 미안해./_____은 참으로 안됐어[유감이다].

yesterday
어제

단어가 모여 문장 듣고 빈칸을 채운 후 완성된 문장을 써보세요. **Track 018**

- 나는 미안하다. ➡ I'm [   ] .

- 나는 정말 미안하다. ➡ I'm [   ] sorry.

- 나는 ~에 관해 정말 미안하다 ➡ I'm very sorry [   ]

- 어제 일에 대해서 정말 미안하다. ➡ I'm very sorry [   ] [   ] .

실수⚠주의 • *I very sorry.* (X) 문장에는 동사가 있어야 해요. sorry는 형용사여서 be동사가 필요해요.

I'm very sorry about yesterday.

문장 만들기 연습 주어진 표현을 사용해 우리말에 맞는 영어 문장을 써보세요.

1 그 실수는 정말 죄송해요. [the mistake]
➡

2 어질러서 미안합니다. [the mess]
➡

3 그것 유감이네요[아쉽네요]. [it]
➡

4 그녀에 관한 일은 유감이다 [her]
➡

5 네 동생 일은 참으로 안됐다. [your brother]
➡

I'm + (very) sorry + to 미안한 원인(동사원형).

_____해서 (정말) 미안하다. / _____해서 (정말) 안됐다[유감이다].

be late
늦다

🔓 **단어가 모여 문장** 듣고 빈칸을 채운 후 완성된 문장을 써보세요. ⊙ Track 019

- 나는 미안하다. → I'm [   ] .

- 나는 ~해서 정말 미안하다. → I'm | very | sorry | [   ]

- 늦어서 정말 미안하다. → I'm | very | sorry | to | [   ] .

실수⚠주의 • *I'm sorry be late.* (X) sorry 뒤에 동사로 미안한 이유를 나타낼 때는 sorry 뒤에 'to 동사원형'을 써야 해요.

I'm very sorry to be late.

🔓 **문장 만들기 연습** 주어진 표현을 사용해 우리말에 맞는 영어 문장을 써보세요.

1 당신을 귀찮게 해서 죄송해요. ⟦ bother you ⟧

  →_____

2 늦게 전화 드려 죄송합니다. ⟦ call you late ⟧

  →_____

3 널 깨워서 미안해. ⟦ wake you up ⟧

  →_____

4 그 말을 들으니 정말 유감이네요[안됐네요]. ⟦ hear that ⟧

  →_____

5 당신의 기분을 상하게 해서 미안합니다. ⟦ hurt your feelings ⟧

  →_____

만나서 정말 반가워.

Unit 07

친구를 만나서 반가울 때는 어떻게 인사를 할까요?
또, 뭔가를 할 준비가 되었음을 나타내는 표현도 익혀봐요.

Hi, Jane. 만나서 정말 반가워.

Me too. Will you go for lunch with me?
나도. 나랑 점심 먹으러 갈래?

Sure. 난 나갈 준비가 되어 있어.

 패턴 1 만나서 정말 반가워.

형용사 glad는 '기쁜, 반가운, 즐거운'이란 뜻이에요. happy나 pleased와 바꿔 쓸 수 있죠. I'm glad to ~.는 '나는 ~해서 기쁘다[반갑다]'라는 뜻으로, to 뒤에 동사원형을 써서 무엇이 기쁘거나 반가운지 그 이유를 나타내요. 회화에서는 I'm을 종종 생략하기도 해요. 부사 so(매우)는 very와 바꿔 쓸 수 있어요.

 패턴 2 난 나갈 준비가 되어 있어.

형용사 ready는 '준비가 된'이란 뜻으로 문장을 만들 때는 be동사가 필요해요. I'm ready to ~.는 '난 ~할 준비가 되어 있 다.'라는 뜻이고, to 뒤에는 동사원형을 써야 해요. '지금'이란 뜻의 시간을 나타내는 부사 now는 문장 맨 뒤에 쓰세요.

🔑 **문장의 열쇠, 단어** 듣고 큰 소리로 따라 읽어 보세요. 🔘 Track 020

- **so** 매우, 너무, 그렇게
- **glad** 기쁜, 반가운
- **see** 만나다, 보다
- **be here** 여기 있다(cf. here 여기에)
- **be home** 집에 있다

- **again** 다시
- **talk to** ~에게 말하다
- **help** 돕다; 도움
- **ready to** ~할 준비가 된
- **go out** 밖으로 나가다

- **start** 시작하다
- **order** 주문하다
- **go to school** 등교하다, 학교에 가다
- **tell** 말하다

패턴 1 # I'm + so glad + to 기쁜 이유(동사원형) .

_____해서 정말 기쁘다[반갑다].

see you
너를 만나다

🔑 **단어가 모여 문장** 듣고 빈칸을 채운 후 완성된 문장을 써보세요. 🔘 Track 021

• 나는 기쁘다. ➡ I'm [   ] .

• 나는 무척 기쁘다. ➡ I'm [   ] glad.

• 나는 ~해서 무척 기쁘다. ➡ I'm so glad [   ]

• 너를 만나서 무척 기쁘다. ➡ I'm so glad to [   ] .

실수⚠주의
• I so glad to see you. **(X)** glad는 형용사이므로 be동사가 필요해요. I'm 또는 I am이라고 써야 해요.
• I'm so glad see you. **(X)** see 앞에 to가 없으면 한 문장에 동사가 2개(am, see)가 되므로 to see로 glad의 이유를 나타내야 해요.

I'm so glad to see you.

🔓 **문장 만들기 연습** 주어진 표현을 사용해 우리말에 맞는 영어 문장을 써보세요.

1 그 말을 들으니 무척 기쁩니다. ⌈ hear that ⌉
➡ _____

2 여기 있게 되어 기뻐요. ⌈ be here ⌉
➡ _____

3 집에 다시 돌아와서 너무 기뻐. ⌈ be home again ⌉
➡ _____

4 너와 이야기할 수 있어 기뻐. ⌈ talk to you ⌉
➡ _____

5 너를 돕게 되어 기뻐. ⌈ help you ⌉
➡ _____

I'm + ready + to 동작(동사원형).

나는 _____ 할 준비가 되어 있다.

go out
나가다

🔑 **단어가 모여 문장** 듣고 빈칸을 채운 후 완성된 문장을 써보세요. ⊙ Track 022

• 나는 준비가 되어 있어. → I'm [   ].

• 나는 ~할 준비가 되어 있어. → I'm ready to

• 나는 나갈 준비가 되어 있어. → I'm ready to [   ].

* 나는 나갈 준비가 안 되어 있어. → I'm [   ] ready to go out.

실수⚠주의 • I'm ready go out. (X) 형용사 ready 뒤에 동사가 나올 때는 동사 앞에 to를 써야 해요.
          • I'm ready to going out. (X) to 뒤에는 동사원형을 써야 해요.

I'm ready to go out.

🔓 **문장 만들기 연습** 주어진 표현을 사용해 우리말에 맞는 영어 문장을 써보세요.

1 저 지금 시작할 준비가 되었어요[시작할게요]. **start**

   → _____

2 제가 지금 당신을 도울 준비가 되어 있어요[도울게요]. **help you**

   → _____

3 저 주문할 준비가 되었어요[주문할게요]. **order**

   → _____

4 전 학교에 갈 준비가 안 됐어요 **go to school**

   → _____

5 난 네게 말해 줄 준비가 안 됐어. **tell you**

   → _____

조심하세요!

상대방에게 명령하는 문장은 어떻게 만들면 될까요?
be동사를 이용하여 경고를 하거나 안심시키는 표현을 배워봐요.

The floor is wet.
바닥이 젖었어요.

그렇게 슬퍼하지 마세요.

조심하세요!

 패턴1 조심하세요!

모든 문장에는 주어와 동사가 있어야 하지만 '~해라.'라는 명령문은 이 규칙에서 벗어나요. 문장은 보통 주어부터 시작되지만 명령문은 앞에 있는 you에게 말하는 것이므로 대상이 분명해서 주어 없이 동사를 먼저 써요. 형용사를 이용한 명령문은 be동 사를 써서 'Be + 형용사.'로 표현해요. 이 때 명령문의 앞이나 뒤에 please를 붙이면 좀 더 부드러운 지시가 되죠.

패턴2 그렇게 슬퍼하지 마세요.

'~하지 마.'라고 부정하는 명령문은 Do not이나 Don't를 동사 앞에 써서 만들어요. 명령문은 '너(you)'에게 하는 말이므로 Doesn't를 쓸 수 없어요! 부사 so는 형용사 앞에서 '그렇게, 너무'라는 의미로 쓰여요. 형용사를 이용한 부정명령문은 Don't be ~.라고 씁니다.

문장의 열쇠, 단어 듣고 큰 소리로 따라 읽어 보세요. Track 023

- **please** 정중하게 부탁할 때 덧붙이는 말
- **careful** 조심하는, 주의 깊은
- **quiet** 조용한
- **seated** 자리에 앉은
- **on time** 시간을 어기지 않고, 정각에
- **noisy** 시끄러운

Please + be + 상태(형용사) / 장소·시간(부사) !

_____하세요!

careful
조심하는

단어가 모여 문장 듣고 빈칸을 채운 후 완성된 문장을 써보세요. ⊙ Track 024

- 조심해라! → [ ] careful!

- 조심하세요! → [ ] be careful!

* 너 조심해! → You be careful! ▶ 상대방인 '너'를 강조하고 싶을 때

실수⚠주의 • Please you are careful. (X) 명령문에는 동사원형을 쓰므로 are의 원형 Be를 써요.

Please be careful!

문장 만들기 연습 주어진 표현을 사용해 우리말에 맞는 영어 문장을 써보세요.

1 조용히 해 주세요. quiet

→

2 행복해라! happy

→

3 앉아 주세요. seated

→

4 제시간에 와. on time

→

5 저와 같이 있어 주세요. with me

→

패턴 2 Don't + be + so 형용사 .

그렇게[너무] _____하지 마.

sad
슬픈

🔓 **단어가 모여 문장** 듣고 빈칸을 채운 후 완성된 문장을 써보세요. ⊙ Track 025

• 슬퍼해라. → [　　　] sad.

• 슬퍼하지 마. → [　　　] be sad.

• 그렇게 슬퍼하지 마. → Don't be [　　　] sad.

실수⚠️주의
• *Don't sad.* (X) sad는 동사가 아니고 형용사이므로 be동사와 함께 써요. Don't 뒤에는 동사원형을 써야 하므로 Don't be sad.가 맞아요.

• *Not be so sad.* (X) 부정하는 명령문은 'Don't + 동사원형'으로 표현해요.

Don't be so sad.

🔓 **문장 만들기 연습** 주어진 형용사를 사용해 우리말에 맞는 영어 문장을 써보세요.

1 그렇게 떠들지 마. [noisy]
→ _____

2 너무 늦지 마. [late]
→ _____

3 너무 긴장하지 마. [nervous]
→ _____

4 너무 흥분하지 마. [excited]
→ _____

5 너무 두려워 말아라. [afraid]
→ _____

이분은 새로 오신 선생님이야.

다른 이에게 선생님이나 친구를 소개하는 방법을 익혀 볼까요?
This is/These are~ 표현을 이용해 사람이나 사물을 소개하는 문장을 만들어 봐요.

이분은 나의 새로 오신 선생님, 브라운 선생님이야.

Hi. I'm Peter Brown.
안녕. 피터 브라운이에요.

이들은 나의 반 친구들이야.

 패턴 1 이분은 새로 오신 선생님, 브라운 선생님이야.

지시대명사 this는 'This is + 명사.' 형태로 가까이 있는 사물, 사람이나 장소를 가리킬 때 써요. 특히, 직접 만난 상태에서 누군가를 소개할 때 사용하면 좋아요. 이 때 this는 '이분/이 사람'이란 의미예요. This is my new teacher.(이분은 내 새로운 선생님이야.)라고만 해도 되지만 선생님의 이름까지 알려주고 싶다면 쉼표를 쓰고 이름을 덧붙이면 돼요.

패턴 2 이들은 나의 반 친구들이야.

this의 복수형 these는 가까이 있는 여러 사람이나 사물을 가리킬 때 써요. 따라서 these 뒤에는 복수형 be동사인 are를 써야 해요. 물론 그 뒤에도 복수형 명사가 나와야겠죠. 즉 'These are + 복수명사(이들은/이것들은 ~이다).'와 같이 쓰면 된답니다.

🔑 문장의 열쇠, 단어 듣고 큰 소리로 따라 읽어 보세요. 🔘 Track 026

- **teacher** 선생님
- **father** 아버지
- **sister** 언니, 누나, 여동생(여자 형제)
- **cousin** 사촌

- **classmate** 반 친구
- **parents** 부모
- **shoes** 신발
- **favorite** 가장 좋아하는

- **thing** 것, 물건
- **glasses** 안경

This + is + my 관계(명사), 이름(명사) .

이분은 나의 _____, _____이다.

new teacher, Mr. Brown
새 선생님, 브라운 씨

🔑 단어가 모여 문장 듣고 빈칸을 채운 후 완성된 문장을 써보세요. ⊙ Track 027

• 이분은 ~이다 ➜ [   ] [is]

• 이분은 나의 ~이다 ➜ [This] [is] [   ]

• 이분은 나의 새 선생님이다. ➜ [This] [is] [my] [_____.]

• 이분은 나의 새로운 선생님, Brown 선생님이다. ➜ [This] [is] [my] new teacher, _____.

실수⚠주의 • Mr. Brown, this is my new teacher. (▲) this is 앞에 이름과 쉼표(,)를 쓰면 '브라운 씨, 이분은 제 새 선생님이에요.'라는 뜻이 돼요.

This is my new teacher, Mr. Brown.

🔓 문장 만들기 연습 주어진 명사를 사용해 우리말에 맞는 영어 문장을 써보세요.

1 여기는 우리 오빠, Tom이야. **brother, Tom**
   ➜ _____

2 얘는 내 친구, Mary야. **friend, Mary**
   ➜ _____

3 이분은 제 아버지이십니다. **father**
   ➜ _____

4 이 사람은 우리 언니입니다. **sister**
   ➜ _____

5 Kate, 얘는 내 사촌이야. **Kate, cousin**
   ➜ _____

패턴 2

These + are + my 사람/사물(복수명사).

이들은/이것들은 나의 _____야.

classmates
반 친구

🔓 **단어가 모여 문장** 듣고 빈칸을 채운 후 완성된 문장을 써보세요. 🔘 Track 028

• 이들은 ~이다 → [　] are

• 이들은 나의 ~이다 → These are [　]

• 이들은 나의 반 친구들이다. → These are my [　].

＊ 이들은 나의 반 친구들이 아니다. → These are [　] my classmates.

실수⚠주의 • *These are my classmate.* (X) these는 여러 사람이나 사물을 가리키므로 복수명사 classmates를 써야 해요.
• *These is my classmates.* (X) these는 복수형 be동사 are와 같이 써야 해요.

These are my classmates.

🔓 **문장 만들기 연습** 주어진 명사를 사용해 우리말에 맞는 영어 문장을 써보세요.

1 이분들은 저의 부모님이십니다. parents
→

2 이들은 나의 새 친구들이야. new friends
→

3 이것은 내 새 신발이야. new shoes
→

4 이것들은 내가 가장 좋아하는 것들이야. favorite things
→

5 이건 내 안경이 아니야. glasses
→

이것은 내 이메일 주소야.

전화상에서 자신을 소개하는 것과 가까이 있는 것을 나타낼 때 공통적으로 쓸 수 있는
표현은 무엇일까요? This is ~를 이용한 여러 가지 표현을 익혀 보세요.

 패턴 1 여보세요, 저는 민호입니다.

전화 통화를 할 때 Hello.(여보세요.)라고 한 후 '저는 ~입니다.'라고 자신이 누구인지 밝히려면 I'm ~.이 아니라 This is ~.
라고 해요. 사람을 직접 만났거나 보는 것이 아니라 목소리로만 전달하기 때문이죠. 'This is + 이름' 뒤에 speaking을 붙여
서 'This is + 이름 + speaking.'이라고도 하는데, speaking은 생략해도 돼요. 자신이 전화를 제대로 걸었는지 확인하려
면 Is this ~?(거기 ~인가요?)라고 물어 보세요.

패턴 2 이것은 내 이메일 주소야.

가까이 있는 사물을 나타낼 때는 'This is + 명사(이것은 ~이다).'를 사용해요. '이것은 ~가 아니다.'라고 부정할 때는 is 뒤
에 not을 쓰면 돼요. this는 한 개의 사물을 나타내므로 단수명사와 함께 써야 해요.

문장의 열쇠, 단어 듣고 큰 소리로 따라 읽어 보세요. ● Track 029

- **speak** 이야기하다, 말하다
- **captain** (비행기의) 기장, 대장
- **police station** 경찰서
- **email address** 이메일 주소
  (cf. address 주소)
- **visit** 방문; 방문하다
- **seat** 좌석, 자리
- **size** 치수, 사이즈
- **stop** 정류장, 멈춤; 멈추다

패턴 1   Hello, this + is + 이름 + speaking.

(전화상에서) 여보세요, 저는 _____입니다.

Minho
민호

단어가 모여 문장   듣고 빈칸을 채운 후 완성된 문장을 써보세요. ⊙ Track 030

- 여보세요. → [   ] .

- 여보세요, 저는 ~입니다. → Hello,   this   is   ~   [   ] .

- 여보세요, 저는 민호입니다. → Hello,   this   is   Minho   speaking.

  = Hello,   this   is   Minho.

- ＊ 여보세요, 민호니? → Hello,   is   [   ]   Minho?

실수⚠주의 • I'm Minho speaking. (X) 전화상에서 처음 자신을 소개할 때는 I'm이 아니라 This is ~를 써요.
• Hello, are you Minho? (X) 전화상에서 상대가 누구인지 확인할 때는 Are you ~?가 아니라 Is this ~?를 써요.

Hello, this is Minho speaking.

문장 만들기 연습   주어진 표현을 사용해 우리말에 맞는 영어 문장을 써보세요.

1 여보세요, 저는 폴 스미스입니다. Paul Smith / speaking
→ _____

2 여보세요, 제인 브라운입니다. Jane Brown / speaking
→ _____

3 여보세요, 15호실 사라입니다. Sarah in room 15
→ _____

4 (비행기에시) 저는 여러분의 기장입니다. your captain
→ _____

5 여보세요, 경찰서인가요? the police station
→ _____

패턴 2 | This + is + my 물건(명사) .

이것은 나의 _____이다.

> email address
> 이메일 주소

🔑 단어가 모여 문장 듣고 빈칸을 채운 후 완성된 문장을 써보세요. 🔘 Track 031

- 이것은 ~이다 → [ ] is

- 이것은 나의 ~이다 → This is [ ]

- 이것은 내 이메일 주소이다. → This is my [.]

  * 이것은 내 이메일 주소가 아니다. → This is [ ] my email address.

실수 ⚠ 주의 • *This is my an email address.* (X) a/an/the와 같은 관사는 my와 동시에 같이 쓸 수 없어요.

This is my email address.

🔓 문장 만들기 연습 주어진 명사를 사용해 우리말에 맞는 영어 문장을 써보세요.

1 전 이번이 첫 방문입니다. first visit

  →

2 이건 제 자리입니다. seat

  →

3 이건 제 사이즈예요[제게 꼭 맞아요]. size

  →

4 이번이 제(가 내릴) 정류장이에요. stop

  →

5 이것은 내 이름이 아니야. name

  →

그는 Ann의 삼촌이야.

be동사를 이용하여 자신이 아닌 다른 사람에 관해 말할 수 있어요.
그가 누구이고 어떤 상태인지 알려주는 표현을 익혀봐요.

🔒 패턴 1 그는 Ann의 삼촌이야.

나(I), 너(you) 이외의 다른 사람에 관해 알려줄 때, 영어 문장에서는 그 사람이 한 명인지 여럿인지, 남자인지 여자인지를 정확히 밝혀야 해요. 한 명일 때 남자 주어는 he, 여자는 she로 표현해요. be동사는 주어에 따라 달라지는데 he, she처럼 3인칭 단수인 주어 뒤에는 is를 쓰죠. 부정할 때는 is 뒤에 not을 붙이고, 물어볼 때는 Is he / she ~?라고 해요. 이름을 이용하여 '~의'라고 할 때는 Ann's, Tom's, Peter's 처럼 이름 뒤에 's를 붙여요.

🔒 패턴 2 그는 정말 화가 난 거니?

부사 really는 '정말로, 아주'란 뜻으로 형용사나 부사 앞에 써서 뜻을 강조해요. be동사가 들어간 의문문은 be동사를 문장 맨 앞에 써서 만들어요.

🔑 문장의 열쇠, 단어) 듣고 큰 소리로 따라 읽어 보세요. 🔘 Track 032

- **Ann's** 앤의
- **uncle** 삼촌
- **role model** 역할 모델, 본보기
- **best** 가장 좋은(good의 최상급)
- **best friend** 가장 친한 친구
- **children** 아이들(child(어린이)의 복수형)
- **really** 정말로
- **full** 배부른
- **sick** 아픈
- **better** 더 좋은(good의 비교급)
- **alive** 살아있는

패턴 1 He + is + _____'s 관계(명사).

그는 _____의 _____이다.

uncle
삼촌

단어가 모여 문장 듣고 빈칸을 채운 후 완성된 문장을 써보세요. ⊙ Track 033

- 그는 ~이다 → He [ ]

- 그는 Ann의 ~이다 → He is [ ]

- 그는 Ann의 삼촌이다. → He is Ann's [ ].

* 그는 Ann의 삼촌이 아니다. → He is [ ] Ann's uncle.

* 그들은 Ann의 삼촌들이다. → They are Ann's [ ].

실수⚠주의
- *He Ann's uncle is.* (X) 우리말 순서와 달리 영어 문장에서는 동사를 주어 바로 뒤에 써요.
- *They are Ann's uncle.* (X) They는 2명 이상을 나타내므로 be동사 뒤에 복수명사를 써야 해요.

He is Ann's uncle.

문장 만들기 연습 주어진 명사를 사용해 우리말에 맞는 영어 문장을 써보세요.

1 그는 Jane의 아버지예요. father

→ _____

2 그는 Bob의 롤 모델[본보기]입니다. role model

→ _____

3 그들은 Jack의 형들이야. brothers

→ _____

4 그는 Tom의 가장 친한 친구가 아니야. best friend

→ _____

5 그들은 Peter의 아이들이 아니다. children

→ _____

패턴 2 ｜ Is + he / she + really 상태(형용사)?

그 / 그녀가 정말 _____ 하니?

angry
화난

단어가 모여 문장 듣고 빈칸을 채운 후 완성된 문장을 써보세요. ⊙ Track 034

- 그는 ~하다 → He is

- 그는 ~하니? → [ ] he ~?

- 그는 화가 난 거니? → Is he [?]

- 그는 정말 화가 난 거니? → Is he [ ] angry?

* 그녀는 정말 화가 난 거니? → Is [ ] really angry?

실수 ⚠ 주의 • Is he angry really? (X) 부사는 수식하는 형용사 앞에 써야 해요.

Is he really angry?

문장 만들기 연습 주어진 형용사를 사용해 우리말에 맞는 영어 문장을 써보세요.

1 그는 정말 바빠? busy

→ _____

2 그녀는 정말 배가 부르니? full

→ _____

3 그는 정말 아파? sick

→ _____

4 그녀는 정말로 더 좋아진 거야? better

→ _____

5 그는 정말로 살아있어? alive

→ _____

우리는 파티를 열려고 해.

'~할 것이다[예정이다]'처럼 예정이나 계획, 의도를 나타낼 때는 be going to를
이용할 수 있어요.

우리는 파티를
열려고 해.

I love it!
좋아!

나는 늦지 않을게.

🔒 **패턴 1** 우리는 파티를 열려고 해.

be going은 '~에 가고 있다[가는 중이다]'라는 뜻이라서 be going 뒤에 'to + 명사'가 올 경우에는 '~로 가는 중이다'라는
뜻이 돼요. 하지만 be going 뒤에 'to + 동사원형'을 쓰면 '~ 할 것이다, ~ 할 예정이다'라는 뜻의 가까운 미래나 계획을
나타낼 수 있답니다. '우리는 ~이다.'는 We are ~. 또는 줄여서 We're ~.로 써요.

🔒 **패턴 2** 나는 늦지 않을게.

'나는 ~할 거야.'와 같은 의도를 나타낼 때도 'be going to + 동사원형'을 써서 I'm going to ~.로 표현해요. '~하지 않을
거야'라는 부정의 의미를 나타낼 때는 be동사 뒤에 not을 붙이면 돼요.

🔑 **문장의 열쇠, 단어** 듣고 큰 소리로 따라 읽어 보세요. ⊙ Track 035

- **have a party** 파티를 열다
  (cf. have ~을 가지다, ~가 있다)
- **eat out** 외식하다(cf. eat 먹다)
- **take the subway** 지하철을 타다
  (cf. subway 지하철)

- **stay home** 집에 있다
  (cf. stay 머무르다)
- **lose weight** 살을 빼다
- **meet again** 다시 만나다
  (cf. meet 만나다)

- **give up** 포기하다
- **tell a lie** 거짓말하다
- **invite** 초대하다

We're / I'm + going to 계획(동사원형).

우리는 / 나는 _____하려고 한다.

have a party
파티를 열다

🔓 **단어가 모여 문장** 듣고 빈칸을 채운 후 완성된 문장을 써보세요. ⊙ Track 036

- 우리는 ~이다 → [   ] = We are

- 우리는 ~하려고 한다 → We're [   ] to

- 우리는 파티를 열려고 한다. → We're going to [   ].

* 너희들은 파티를 열 거야? → [   ] you going to have a party?

실수⚠주의 • *We're go to have a party.* (X) 영어 문장에는 동사가 하나만 올 수 있으므로 are, go를 동시에 쓸 수 없어요.
• *We're going to a party.* (▲) to 뒤에 동사 없이 장소가 바로 나오면 '우리는 파티에 가고 있다(가는 중이다).' 라는 다른 뜻이 돼요.

We're going to have a party.

🔓 **문장 만들기 연습** 주어진 표현을 사용해 우리말에 맞는 영어 문장을 써보세요.

1 우리는 외식을 할 예정입니다. eat out

➡ _____

2 우리는 지하철을 탈 거야. take the subway

➡ _____

3 나는 집에 있을 생각이야. stay home

➡ _____

4 저는 살을 뺄 거예요. lose weight

➡ _____

5 그를 다시 만날 거니? meet him again

➡ _____

I'm + not + going to 의도(동사원형) .

나는 _____하지 않을 것이다.

be late
늦다

🔑 **단어가 모여 문장** 듣고 빈칸을 채운 후 완성된 문장을 써보세요. ⊙ Track 037

• 나는 ~할 것이다. → I'm _____ _____

• 나는 ~하지 않을 것이다. → I'm _____ going to

• 나는 늦지 않을 것이다. → I'm not going to _____ .

실수⚠주의
• *I'm not going to am late.* (X) be going to 뒤에는 동사원형! am의 원형인 be를 써야 해요.
• *I'm going not to be late.* (X) 부정어 not은 I'm 바로 뒤에 써야 해요.

I'm not going to be late.

🔓 **문장 만들기 연습** 주어진 표현을 사용해 우리말에 맞는 영어 문장을 써보세요.

1 저는 포기하지 않을 거예요. give up

→ _____

2 거짓말하지 않을 거예요. tell a lie

→ _____

3 난 혼자 있지 않을 거야. be alone

→ _____

4 전 그것을 먹지 않을 거예요. eat it

→ _____

5 전 당신을 초대하지 않을 거예요. invite you

→ _____

가까이에 버스 정류장이 있니?

'무엇이 있다'고 말하는 문장은 어떻게 만들면 될까요?
'There + be동사 ~.'를 이용하여 사람이나 사물의 존재를 나타내는 표현을 익혀봐요.

가까이에 버스
정류장이 있니?

버스가 참 많네.

Over there.
저기.

 패턴 1 가까이에 버스 정류장이 있니?

'~가 있다/없다'는 존재를 나타낼 때는 'There is / isn't + 명사.' 형태를 사용해요. 이 때 there에는 '거기[그곳에]'라는 뜻은 없고 그냥 형식적인 주어 역할만 해요. be동사가 있는 의문문은 Is there ~?처럼 be동사를 문장 맨 앞으로 보내면 완성된 답니다. 또, 우리말에선 '가까이에'가 먼저 나와도 되지만 영어에서는 위치를 나타내는 부사는 주로 문장 끝에 써요.

 패턴 2 버스가 참 많네.

'~가 참 많다.'라고 할 때 '~가'에 해당하는 명사를 문장의 주어로 먼저 시작해야 할 것 같지만, 이 때에도 형식적인 주어 there을 먼저 써서 'There are so many + 명사.'로 표현해요. So many는 '아주 많은'이란 뜻이에요.

🔑 **문장의 열쇠, 단어** 듣고 큰 소리로 따라 읽어 보세요. ◉ Track 038

- **bus stop** 버스 정류장
- **nearby** 근처에, 가까이에
- **restroom** 화장실
- **supermarket** 슈퍼마켓
- **library** 도서관

- **bank** 은행
- **bookstore** 서점(cf. book 책)
- **so many** 아주 많은
  (cf. many 많은, 여러 개의)
- **interesting** 재미있는, 흥미로운

- **people** 사람들
- **test** 시험
- **question** 질문
- **ask** 묻다

Is + there + 장소(명사) + nearby?

가까이에 _____가 있니?

a bus stop
버스 정류장

🔓 **단어가 모여 문장** 듣고 빈칸을 채운 후 완성된 문장을 써보세요. 🔘 Track 039

- ~가 있다 → [   ] is

- ~가 있니? → [   ] there ~?

- 가까이에 ~가 있니? → Is there ~ [?]

- 가까이에 버스 정류장이 있니? → Is there a bus stop nearby?

- * 가까이에 버스 정류장이 없다. → There [   ] a bus stop nearby.

실수⚠주의 • *Is there bus stop nearby?* (**X**) bus stop처럼 셀 수 있는 명사 앞에는 a/an을 꼭 써야 해요.
• *Is it a bus stop nearby?* (▲) Is it ~?을 쓰면 '근처에 있는 그것은 버스 정류장이니?'라는 뜻이 돼요.

Is there a bus stop nearby?

🔓 **문장 만들기 연습** 주어진 명사를 사용해 우리말에 맞는 영어 문장을 써보세요.

1 가까이에 화장실이 있어? a restroom

→ _____

2 근처에 슈퍼마켓이 있어요? a supermarket

→ _____

3 이 주변에 도서관이 있니? a library

→ _____

4 이 근처에 은행이 있다. a bank

→ _____

5 근처에 서점이 없다. a bookstore

→ _____

패턴 2 # There + are + so many 사물/사람(명사) .

_____가 참 많다.

buses
버스들

🔓 **단어가 모여 문장** 듣고 빈칸을 채운 후 완성된 문장을 써보세요. 🔘 Track 040

- ~가 있다 ➡ [ ] | is

- 많은 ~가 있다 ➡ There | are | [ ]

- 참 많은 ~가 있다 ➡ There | are | [ ] many

- 버스가 참 많다. ➡ There | are | so many | [ ] .

실수⚠주의 • *There are so many bus.* (X) many(많은) 뒤에는 복수명사를 써요.
• *There is so many buses.* (X) so many buses는 복수이므로 is가 아닌 복수동사 are를 써야 해요.

There are so many buses.

🔓 **문장 만들기 연습** 주어진 표현을 사용해 우리말에 맞는 영어 문장을 써보세요.

1 재미있는 책이 참 많다. interesting books
➡

2 사람들이 진짜 많아요. people
➡

3 시험이 너무 많아요. tests
➡

4 할 일이 너무 많다. things to do
➡

5 질문할 게 무척 많아요. questions to ask
➡

전 지금 숙제를 하고 있거든요.

'나는 지금 ~하고 있다(~하는 중이다)'라는 현재 진행 중인 동작이나 상태를 어떻게 표현하면 되는지 살펴봐요.

 패턴 1 전 지금 숙제를 하고 있거든요.

'be동사 + 동사-ing'로 현재 진행 중인 일이나 상황을 나타낼 수 있어요. be going은 '가고 있다,' be sleeping은 '자고 있다'는 뜻이죠. be동사 자리에는 주어에 맞게 am, are, is를 써요. 이 때 sleeping, eating, working, doing과 같은 '동사-ing'는 문장에서 동사 역할을 하지는 못하고 '~하고 있는'이란 의미를 나타내요.

패턴 2 너 아직도 자고 있는 거니?

상대방에게 '너는 지금 ~하고 있니[~하는 중이니]?'라고 물을 때는 'Are you + 동사-ing?'를 써요. '아직(도)'라는 의미의 부사 still은 꾸며주는 단어 바로 앞에 써서 'Are you still + 동사-ing?'라고 물으면 돼요.

🔑 **문장의 열쇠, 단어** 듣고 큰 소리로 따라 읽어 보세요. ⊙ Track 041

- **homework** 숙제
- **read** 읽다
- **buy** 사다
- **take off** ~을 벗다
- **look for** ~을 찾다

- **still** 아직도, 여전히
- **sleep** 자다; 잠
- **work** 일하다
- **live in** ~에 살다
- **use** 이용하다, 쓰다

- **phone** 전화기
- **wait for** ~을 기다리다
- **turn** 차례

패턴 1 I'm + 동작(동사-ing) + now.

나는 지금 _____하고 있다(_____하고 있는 중이다).

> doing my homework
> 내 숙제를 하고 있는

단어가 모여 문장 듣고 빈칸을 채운 후 완성된 문장을 써보세요. ⊙ Track 042

- 나는 ~이다 → I'm = I am

- 나는 ~을 하고 있다. → I'm doing

- 나는 내 숙제를 하고 있다. → I'm _____ .

- 나는 지금 내 숙제를 하고 있다. → I'm doing my homework _____ .

- * 나는 지금 내 숙제를 하고 있지 않다. → I'm _____ doing my homework now.

실수⚠주의
- *I'm do my homework now.* (X) 현재 진행 중인 일을 나타내려면 do를 doing으로 고쳐야 해요.
- *I'm going to do my homework.* (▲) be going to는 '~할 예정이다'라는 뜻이므로 '나는 숙제를 한 것이다.'라는 다른 의미가 돼요.

I'm doing my homework now.

문장 만들기 연습 주어진 표현을 사용해 우리말에 맞는 영어 문장을 써보세요.

1 저는 지금 독서 중입니다. reading a book
→ _____

2 난 지금 선물을 사고 있어. buying a gift
→ _____

3 저는 지금 집에 가는 중입니다. going home
→ _____

4 난 지금 신발을 벗고 있는 중이야. taking off my shoes
→ _____

5 저는 지금 제 안경을 찾고 있어요. looking for my glasses
→ _____

Are + you + still + 동작(동사-ing)?

너는 아직도 _____하고 있니(_____하고 있는 중이니)?

sleeping
자고 있는

🔑 단어가 모여 문장 듣고 빈칸을 채운 후 완성된 문장을 써보세요. 🔘 Track 043

- 너는 ~이다 → You [　　　]

- 너는 ~이니? → Are you ~?

- 너는 자고 있니? → Are you [　　　　?]

- 너는 아직 자고 있니? → Are you [　　　] sleeping?

실수⚠주의
- *Are you still sleep?* (X) 현재 진행 중인 것에 대해 물을 때는 Are you 뒤에 '동사-ing'를 써야 해요.
- *Are you sleeping still?* (X) 부사 still은 꾸며주는 말 sleeping 앞에 써야 해요.

Are you still sleeping?

🔓 문장 만들기 연습 주어진 표현을 사용해 우리말에 맞는 영어 문장을 써보세요.

1 당신은 아직도 여기서 일하고 계세요? working here

→ _____

2 너 아직도 그 게임을 하고 있어? playing the game

→ _____

3 너 아직 서울에 살고 있니? living in Seoul

→ _____

4 넌 아직 그 전화기를 쓰고 있어? using the phone

→ _____

5 아직도 차례를 기다리는 중이신가요? waiting for your turn

→ _____

Chapter 2
일반 동사

feel, have, know 등 일반동사를
이용해 더욱 다양한 표현을 해 봐요.

Unit 15 느낌 표현하기 feel

패턴 1 I really feel like ~.
패턴 2 I don't feel like ~.

Unit 16 소유 묻고 답하기 have

패턴 1 I have ~.
패턴 2 Do you have any ~?

Unit 17 신체 특징·병 증세 말하기 have

패턴 1 I have / He has a ~.
패턴 2 Does it have ~?

Unit 18 식사에 관해 말하기 /
인사하기 have

패턴 1 I have ~ for breakfast.
패턴 2 Have a good ~.

Unit 19 알고 있는 것·들리는 것
표현하기 know

패턴 1 I know ~.
패턴 2 Do you hear ~?

Unit 20 상대방 외모 표현하기 look

패턴 1 You look ~ today.
패턴 2 You look like ~.

Unit 21 좋아하는 것·싫어하는 것
표현하기 like

패턴 1 I like your ~ very much.
패턴 2 I don't like to ~.

Unit 22 바람·소망 말하기 like

패턴 1 I'd like some ~, please.
패턴 2 I'd like to ~.

Unit 23 제안하기 / 허락 구하기 let

패턴 1 Let's ~ soon.
패턴 2 Let me ~.

Unit 24 필요한 것 표현하기 need

패턴 1 I need ~.
패턴 2 You don't need to ~.

Unit 25 습관·과거 일 말하기 take

패턴 1 I / He usually take / takes~.
패턴 2 We took ~ yesterday.

Unit 26 감사하기 thank

패턴 1 Thanks a lot for ~.
패턴 2 Thank you for ~.

Unit 27 의견 표현하기 think / believe

패턴 1 I think ~
패턴 2 I don't believe ~.

Unit 28 원하는 것·하고 싶은 것 표현하기 want

패턴 1 I don't want to ~.
패턴 2 Do you want to ~?

정말 울고 싶은 기분이야.

동사 feel을 이용하여 '~하고 싶은 기분이다'라는 의미를 나타내는 문장을 만들어봐요.

🔒 **패턴 1** (난) 정말 울고 싶은 기분이야.

'난 ~하고 싶은 기분이다.'라는 말은 'I feel like + 동사-ing.'로 나타낼 수 있어요. like 다음에는 동사에 -ing를 붙인 동사의 명사형, 즉 동명사가 온다는 것을 꼭 기억하세요. I want와 비슷하지만 더 부드럽고 간접적인 표현이에요. 상대방의 의사를 물어볼 때는 Do you feel like ~?(~하고 싶니?)라고 해요.

🔒 **패턴 2** (난) 노래를 부를 기분이 아니야.

위와는 반대로 '나는 ~하고 싶은 기분이 아니다.' 또는 '~하고 싶지 않다'라고 할 때도 동사 feel을 이용할 수 있어요. 부정형을 써서 'I don't feel like + 동사-ing.'라고 하면 돼요. 이 때도 like 다음에 동사의 명사형인 '동사-ing'형을 쓴다는 점에 유의하세요.

🔑 **문장의 열쇠, 단어** 듣고 큰 소리로 따라 읽어 보세요. 🎧 Track 044

- **feel** 느끼다
- **feel like** ~하고 싶은 기분이다
- **cry** 울다
- **dance** 춤 추다; 춤

- **hum** 콧노래를 부르다, 흥얼거리다
- **something** 어떤 것, 무엇인가
- **tonight** 오늘밤
- **go swimming** 수영하러 가다

- **sing** 노래하다
- **anything** 아무것도
- **play** 놀다
- **study** 공부하다

패턴 1 I + really + feel like + 기분(동사-ing) .

나는 정말 _____하고 싶은 기분이다(_____ 하고 싶다).

> crying
> 우는 것

단어가 모여 문장 듣고 빈칸을 채운 후 완성된 문장을 써보세요. Track 045

- 나는 ~하는 기분이다 → [I] [feel]

- 나는 정말 ~하는 기분이다 → [I] [ ] [feel]

- 나는 정말 ~하고 싶은 기분이다 → [I] [really] [feel] [ ]

- 나는 정말 울고 싶은 기분이다. → [I] [really] [feel like] [.]

실수⚠주의 • I really feel like cry. (X) like는 전치사이므로 그 뒤에는 명사형, 즉 '동사-ing'만 쓸 수 있어요.

I really feel like crying.

문장 만들기 연습 주어진 표현을 사용해 우리말에 맞는 영어 문장을 써보세요.

1 정말 춤을 추고 싶은 기분이야. [dancing]
→ _____

2 콧노래를 부르고 싶은 기분입니다. [humming]
→ _____

3 난 진짜 뭔가 먹고 싶어. [eating something]
→ _____

4 난 오늘 밤에 얘기를 하고 싶어. [talking tonight]
→ _____

5 난 수영하러 가고 싶어. [going swimming]
→ _____

패턴 2 I + don't + feel like + 기분(동사-ing) .

나는 _____할 기분이 아니다.

singing
노래 부르기

🔒 **단어가 모여 문장** 듣고 빈칸을 채운 후 완성된 문장을 써보세요. ⊙ Track 046

● 나는 ~하는 기분이다 → **I** [ ]

● 나는 ~하고 싶은 기분이다 → **I** feel [ ]

● 나는 ~하고 싶지 않은 기분이다 → **I** [ ] **feel like**

● 나는 노래 부르고 싶지 않은 기분이다. → **I** [ ] **feel like** [.]

실수⚠주의
● *I'm not feel like singing.* (X) 일반동사의 부정은 don't나 doesn't로 나타내요.
● *I don't feel like sing.* (X) like는 전치사이므로 그 뒤에는 동사 sing의 명사형인 singing을 써야 해요.

I don't feel like singing.

🔓 **문장 만들기 연습** 주어진 표현을 사용해 우리말에 맞는 영어 문장을 써보세요.

1 저 지금은 먹고 싶지 않은데요. [eating now]
→ _____

2 전 아무것도 하고 싶지 않아요. [doing anything]
→ _____

3 난 친구들과 놀 기분이 아냐. [playing with my friends]
→ _____

4 오늘은 공부할 마음이 나지 않는다. [studying today]
→ _____

5 난 학교 갈 기분이 아니다. [going to school]
→ _____

나는 꿈이 있어.

내가 가진 것이 무엇인지 말하거나 상대방이 무엇을 가지고 있는지 물어볼 때는
동사 have를 이용해요.

나는 꿈이 있어.

I'm very thirsty now.
난 지금 목이 너무 말라.

물 좀 있어?

🔒 패턴 1 나는 꿈이 있어.

have는 그 쓰임새가 매우 다양한 동사로, 주로 '~을 가지고 있다' 또는 '먹다'라는 뜻으로 쓰이며, 'I have + 명사.'의 형태로
표현해요. 주어가 3인칭 단수일 때는 has를 써서 'She/He/It + has~.'로 표현해요. 부정형은 I don't have~.로 써요.

🔒 패턴 2 (너) 물 좀 있어?

상대방에게 '~을 가지고 있니?'라고 물어볼 때 do를 주어 앞에 써서 Do you have~?라고 해요. 명사의 정확한 수나 양을
나타내기 힘들 때는 any/some을 이용해요. any는 주로 부정문과 의문문에 써서 Do you have any ~?처럼 말해요. 이 때
any 뒤에는 복수형 명사 또는 셀 수 없는 명사를 써요.

🔑 문장의 열쇠, 단어   듣고 큰 소리로 따라 읽어 보세요. 🎧 Track 047

- **dream** 꿈
- **idea** 생각, 아이디어
- **paper** 종이
- **passport** 여권

- **time** 시간
- **any** 약간의, 좀
- **water** 물
- **pet** 애완동물

- **hobby** 취미
- **plan** 계획

I + have + 가진 것(명사).

나는 _____이 있다.

a dream
꿈

🔓 단어가 모여 문장 듣고 빈칸을 채운 후 완성된 문장을 써보세요. 🔘 Track 048

• 나는 ~이 있다. ➡ **I** [　　　　]

• 나는 꿈이 있다. ➡ **I** **have** [　　　　　.]

＊ 나는 꿈이 없다. ➡ **I** [　　　] **have** a dream.

실수⚠주의
• *I am a dream.* (▲) 동사 am은 '~이다'라는 뜻이므로 '나는 꿈이다.'라는 다른 의미의 문장이 돼버려요.
• *I have dream.* (X) 명사 dream은 셀 수 있는 명사이므로 하나를 나타내는 a와 같이 쓰든지, I have dreams.라고 복수형으로 쓰든지 해야 해요.

I have a dream.

🔓 문장 만들기 연습 주어진 표현을 사용해 우리말에 맞는 영어 문장을 써보세요.

1 나는 형제가 둘이다. [two brothers]

➡ _____

2 생각이 났어(내게 생각이 있어). [an idea]

➡ _____

3 난 종이가 몇 장 있어요. [some paper]

➡ _____

4 전 제 여권이 없어요. [my passport]

➡ _____

5 난 지금 시간이 없다. [time now]

➡ _____

패턴 2 Do + you + have + any 가진 것(명사)?

너 _____ 좀 있니?

water
물

단어가 모여 문장 듣고 빈칸을 채운 후 완성된 문장을 써보세요. ⊙ Track 049

- 너는 ~이 있다 ➡ You ◻

- 너는 ~이 있니? ➡ ◻ you have ~?

- 너는 ~이 좀 있니? ➡ Do you have any ~?

- 너는 물이 좀 있니? ➡ Do you have any ◻?

실수⚠주의
- *Do you have any waters?* (X) any 뒤에 셀 수 있는 명사가 올 때는 pets, ideas처럼 꼭 복수형으로 써야 하지만, water는 셀 수 없는 명사이므로 복수형이 없고 항상 단수형으로 써요.
- *Do you have some water?* (X) 의문문에서는 some 대신에 any를 써요.

Do you have any water?

문장 만들기 연습 주어진 명사를 사용해 우리말에 맞는 영어 문장을 써보세요.

1 애완동물 기르는 것 있어요? pets
➡ _____

2 아이디어가 있으십니까? ideas
➡ _____

3 취미가 있니? hobbies
➡ _____

4 질문 있어요? questions
➡ _____

5 계획이 있으십니까? plans
➡ _____

Unit
17

머리가 아파.

어디가 아프다는 말은 영어로 어떻게 표현하면 될까요?
동사 have를 이용하여 아픈 증상이나 신체의 특징을 나타낼 수 있어요.

🔒 **패턴 1** (난) 머리가 아파.

동사 have는 '~을 가지고 있다', '~을 먹다'라는 뜻 외에도 질병이나 아픈 증상을 나타낼 수 있는 유용한 동사예요. 주어가 he 나 she처럼 3인칭 단수일 때는 동사로 have 대신에 has를 써요. 암(cancer)이나 당뇨병(diabetes), 고혈압(high blood pressure)과 같은 중한 병 앞에는 a/an과 같은 관사를 쓰지 않지만, 가벼운 증상은 'I have a + 명사.'로 표현해요.

🔒 **패턴 2** 그것은 꼬리가 짧아?(그것은 짧은 꼬리를 가지고 있어?)

동사 have가 들어가는 문장을 의문문으로 만들려면 do나 does를 주어 앞에 써요. 사물이나 동물의 소유를 물어볼 때는 'Does it have + 명사?'의 형태를 써요. 의문문에서는 does 뒤에 has가 아니라 동사원형인 have를 쓰는 것에 유의해야 해요.

🔑 **문장의 열쇠, 단어** 듣고 큰 소리로 따라 읽어 보세요. 🔘 Track 050

- **bad** 심한, 나쁜
- **headache** 두통
- **bad cold** 심한 감기, 독감
- **stiff** 뻣뻣한, 뻐근한
- **neck** 목
- **runny nose** 콧물이 흐르는 코

- **sore throat** 인후염(cf. sore 따가운, 화끈거리는 / throat 목구멍, 목)
- **high fever** 높은 열, 고열 (cf. fever 열)
- **short** 짧은
- **tail** 꼬리

- **black** 검은
- **spot** 점
- **long** 긴; 오랫동안, 길게
- **hair** 머리카락
- **small** 작은

- **mouth** 입
- **big** 큰
- **eye** 눈
- **good nose** 냄새를 잘 맡는 코

패턴 1   I + have / He + has + (a) 증상(명사).

나는 / 그는 _____이 있다(아프다).

a bad headache
심한 두통

🔑 **단어가 모여 문장** 듣고 빈칸을 채운 후 완성된 문장을 써보세요. (●) Track 051

- 나는 ~이 있다 → I [　　]

- 나는 심한 두통이 있다. → I **have** [　　　　　　.]

- ＊ 그는 심한 두통이 있다. → He [　　] a bad headache.

- ＊ 나는 머리가 안 아프다. → I [　　] **have** a headache.
  (= 나는 두통이 없다.)

실수⚠주의 • I have bad headache. (X) 증상이나 가벼운 질병 이름 앞에는 a/an을 꼭 써요.

I have a bad headache.

🔓 **문장 만들기 연습** 주어진 표현을 사용해 우리말에 맞는 영어 문장을 써보세요.

1 나는 독감에 걸렸어. (a bad cold)

→ _____

2 그는 목이 뻣뻣해요[뻐근해요]. (a stiff neck)

→ _____

3 나는 콧물이 나요. (a runny nose)

→ _____

4 나는 목이 아파요[따끔거려요]. (a sore throat)

→ _____

5 나는 열이 높아요. (a high fever)

→ _____

패턴 2 Does + it + have + 신체 특징(명사)?

그것은 _____이 있니[_____가 _____하니]?

a short tail
짧은 꼬리

단어가 모여 문장 듣고 빈칸을 채운 후 완성된 문장을 써보세요. ◉ Track 052

- 그것은 ~이 있다 → [   ] has

- 그것은 ~이 있니? → [   ] it [   ] ~?

- 그것은 짧은 꼬리가 있니? → Does it have a short tail?

- * 그것은 꼬리가 짧지 않다. → It [   ] have a short tail.

실수⚠주의
- *Does it has a short tail?* (X) Does 뒤에는 has가 아니라 동사원형 have를 써야 해요.
- *Does it have short tail?* (X) tail은 셀 수 있는 명사이므로 그 앞에 하나를 나타내는 a를 써야 해요.

Does it have a short tail?

문장 만들기 연습 주어진 표현을 사용해 우리말에 맞는 영어 문장을 써보세요.

1 그것은 검은 점들이 있나요? black spots
→

2 그것은 털이 길어요? long hair
→

3 그것은 입이 작니? a small mouth
→

4 그것은 눈이 크니? big eyes
→

5 그것은 냄새를 잘 맡니? a good nose
→

전 아침으로 토스트를 먹어요.

동사 have를 이용하여 식사로 무엇을 먹는지 나타낼 수 있어요.
또 헤어질 때 쓸 수 있는 인사 표현도 함께 배워봐요.

전 아침으로
토스트를 먹어요.

Good!
좋은 시간 보내.

Summer camp

🔒 **패턴 1** 전 아침으로 토스트를 먹어요.

'먹다'라는 의미의 동사는 eat도 있지만 have로 '먹다, 마시다'를 표현하기도 해요. '먹었다'는 과거형은 had를 써요. 아침으로 무엇을 먹는지 말하려면 'I have + 음식 이름 + for breakfast.'라고 해요. '나는 아침을 먹는다.'는 I have breakfast. 인데, breakfast, lunch, dinner와 같은 식사 이름 앞에는 a와 같은 관사를 쓰지 않아요. 식당에서 음식을 주문할 때 'I'll have + the + 음식 이름.'이라고 하면 '난 ~을 먹겠어요.'라는 뜻이 돼요.

🔒 **패턴 2** 좋은 시간 보내.

헤어지는 인사로 '좋은[즐거운] ~을 보내[가져].'라고 할 때도 동사 have를 이용해요. 명령문이니까 동사원형을 문장 맨 앞에 써서 'Have a good + 명사.'라고 해요. 명령문의 앞이나 뒤에 please를 붙이면 좀 더 부드러운 느낌을 줄 수 있어요.

🔑 **문장의 열쇠, 단어** 듣고 큰 소리로 따라 읽어 보세요. ⊙ Track 053

- **toast** 토스트
- **for breakfast** 아침식사로, 아침으로
- **cereal** 시리얼
- **sandwich** 샌드위치

- **nothing** 아무것도 (아닌 것)
- **rice** 밥, 쌀
- **soup** 국, 수프
- **fried egg** 달걀 프라이

- **weekend** 주말
- **trip** 여행
- **flight** 비행

패턴 1 **I + have +** 음식(명사) **+ for breakfast.**

나는 아침으로 _____을 먹는다.

toast
토스트

단어가 모여 문장 듣고 빈칸을 채운 후 완성된 문장을 써보세요. ● Track 054

• 나는 ~을 먹는다 → **I** [　　]

• 나는 토스트를 먹는다. → **I** **have** [　　　.]

• 나는 아침으로 토스트를 먹는다. → **I** **have** toast _____

* 나는 아침으로 토스트를 먹었다. → **I** [　　] toast **for breakfast.**

실수⚠주의 • *I have toast for a breakfast.* (X) breakfast와 같은 식사 명 앞에는 a나 the와 같은 관사를 쓰지 않아요.
• *I have toast for morning.* (X) 우리말로는 '아침'이지만 내용상 '아침식사'라는 뜻이므로 직역해서 그냥 morning이라고만 하면 어색한 문장이 돼요.

I have toast for breakfast.

문장 만들기 연습 주어진 명사를 사용해 우리말에 맞는 영어 문장을 써보세요.

1 저는 아침식사로 시리얼을 먹어요. cereal
→ _____

2 난 아침으로 샌드위치를 먹어. sandwiches
→ _____

3 저는 아침으로 아무것도 안 먹어요. nothing
→ _____

4 아침으로 밥과 국을 먹었어요. rice and soup
→ _____

5 아침으로 달걀 프라이를 먹었어요. a fried egg
→ _____

패턴 2 **Have + a good** 바라는 것(명사).

좋은 _____ 가져[보내].

time
시간

🔑 **단어가 모여 문장** 듣고 빈칸을 채운 후 완성된 문장을 써보세요. 🔘 Track 055

- ~을 가져 → [ ]

- 좋은 ~을 가져 → **Have** **a** [ ]

- 좋은 시간을 가져. → **Have** **a good** [.]

실수⚠️주의 • *Have good time.* (**X**) time은 보통 셀 수 없는 명사지만 a good time으로 표현할 때는 '특별한 시간' 또는 '일정한 하나의 기간'이라는 뜻이어서 꼭 a를 함께 써야 해요.

• *Has a good time.* (**X**) 명령문이니 동사원형을 써서 Have ~로 시작해요.

Have a good time.

🔓 **문장 만들기 연습** 주어진 명사를 사용해 우리말에 맞는 영어 문장을 써보세요.

1 잘 자. [sleep]

→ _____

2 주말 잘 보내세요. [weekend]

→ _____

3 좋은 하루 보내세요. [day]

→ _____

4 여행 잘 다녀와! [trip]

→ _____

5 즐거운 비행하세요. [flight]

→ _____

저 노래를 알아요.

동사 know와 hear를 이용하여 내가 알고 있는 것과 듣고 있는 것에 관해 표현할 수 있어요.

저 노래를 알아요.

Mom, 제 말 듣고 계세요?

🔒 **패턴 1** (저는) 저 노래를 알아요.

동사 know는 '알다', '(이미) 알고 있다'는 뜻이에요. I know 뒤에는 알고 있는 것을 명사나 대명사로 나타내요. 내가 모를 때는 I don't know~.라고 해요. 주어가 he, she와 같은 3인칭 단수일 때 동사는 know 대신에 knows를 써야 해요. '나는 ~에 관해서 안다.'라고 할 때는 전치사 about을 써서 I know about ~.이라고 해요.

🔒 **패턴 2** (당신은) 제 말 듣고 계세요?

동사 hear는 귀에 들리는 소리를 듣는 것을 말해요. TV나 라디오, 신문, 뉴스, 잡지 등을 통해 정보나 이야기, 소문, 소식 등을 들을 때도 동사 hear를 사용해요. I hear from~.은 '~으로부터 소식을 듣는다'라는 의미예요. '너는 ~가 들리니?/듣고 있니?'라고 상대방에게 물을 때는 Do you hear~?라고 해요. '나는 ~이 들리지 않는다.'는 I don't hear ~ 라고 하면 되죠. 좀 더 잘 듣기 위해 귀를 기울여서 들을 때는 listen to를 써요.

🔑 **문장의 열쇠, 단어** 듣고 큰 소리로 따라 읽어 보세요. 🔘 Track 056

- **know** 알다
- **song** 노래
- **game** 게임, 놀이
- **his** 그의

- **science** 과학
- **rumor** 소문
- **rain** 비; 비가 오다
- **voice** 목소리

- **fire alarm** 화재 경보
  (*cf.* alarm 경보 장치, 알람 시계)

패턴 1 **I + know +** 아는 내용(명사 / 대명사).

나는 _____을 알고 있다.

the song.
노래

🔐 **단어가 모여 문장** 듣고 빈칸을 채운 후 완성된 문장을 써보세요. ⊙ Track 57

- 나는 안다. ➡ I _____.

- 나는 그 노래를 안다. ➡ I **know** _____.

* 나는 그 노래를 모른다. ➡ I _____ **know** the song.

* 그는 그 노래를 안다. ➡ He _____ the song.

실수⚠주의 • *I know he.* (X) know 뒤에는 '무엇을' 아는지를 말해 주는 목적어가 필요하므로 he의 목적격인 him을 써야 해요.

I know the song.

🔓 **문장 만들기 연습** 주어진 표현을 사용해 우리말에 맞는 영어 문장을 써보세요.

1 저는 그녀를 알아요. her

➡ _____

2 나는 이 게임 알아. this game

➡ _____

3 전 그의 주소를 알아요. his address

➡ _____

4 난 과학에 대해 안다. about science

➡ _____

5 나는 그 소문에 대해 알고 있다. about the rumor

➡ _____

Do + you + hear + 내용(명사 / 대명사)?

너는 _____을 듣고 있니?

me
나를[내 말을]

단어가 모여 문장 듣고 빈칸을 채운 후 완성된 문장을 써보세요. ● Track 058

- 너는 듣고 있니? → **Do** | **you** | [?]

- 너는 내 말을 듣고 있니? → **Do** | **you** | **hear** | [?]

- * 나는 네 말이 들려. → **I** | **hear** | [.]

- * 나는 네 말이 안 들려. → **I** | [   ] | **hear** | **you.**

실수⚠주의
- *Do you hear she?* (**X**) hear 뒤에는 대명사 she의 목적격인 her을 써야 해요.
- *Do you hear from she?* (**X**) 전치사 from 뒤에는 대명사 she의 목적격인 her가 와야 해요.

Do you hear me?

문장 만들기 연습 주어진 표현을 사용해 우리말에 맞는 영어 문장을 써보세요.

1 빗소리가 들리지? [the rain]
→ _____

2 목소리가 들리니? [the voice]
→ _____

3 너희는 화재 경보가 들리니? [the fire alarm]
→ _____

4 당신은 사람들이 노래하는 것이 들리는가? [the people sing]
→ _____

5 너는 Tom에게서 소식을 듣고 있니? [from Tom]
→ _____

너 오늘 좋아 보인다.

상대방의 외모에 관해서 말할 때는 어떤 표현을 쓰면 될까요?
동사 look을 이용하여 상대방이 어떻게 보이는지 자유롭게 말해 봐요.

Unit
20

🔒 **패턴1** 너 오늘 좋아 보인다.

동사 look은 '보다, 쳐다보다'라는 뜻이지만, 'look + 형용사' 형태로 쓰면 '~해 보인다'라는 의미가 된답니다. 주어가 3인칭 단수일 때는 looks를 써요.

🔒 **패턴2** (너는) 영화 배우처럼 보여.

look의 의미는 뒤에 오는 전치사가 무엇이냐에 따라 달라져요. look at은 '~을 보다', look for는 '~을 찾다', look like는 '~처럼 보이다'라는 의미가 되죠. 동사 look 대신 감각을 나타내는 다른 동사를 이용해 같은 문장 구조로 여러 가지 뜻을 표현 할 수 있어요. sound like는 '~처럼 들린다', taste like는 ~한 맛이 난다', smell like는 '~한 냄새가 난다'는 의미예요.

🔑 **문장의 열쇠, 단어** 듣고 큰 소리로 따라 읽어 보세요. 🔘 Track 059

- **look** ~해 보이다, 보다
- **today** 오늘
- **pale** 창백한, 안색이 좋지 않은
- **look like** ~처럼 보이다

- **film star** 영화배우(cf. film 영화, 필름)
- **mother** 어머니
- **son** 아들
- **idiot** 바보

- **fashion model** 패션 모델
- **nice** 착한, 좋은, 멋진
- **man** 사람, 남자

You + look + 상태(형용사) + today.

너는 오늘 _____해 보인다.

good
좋은

단어가 모여 문장 듣고 빈칸을 채운 후 완성된 문장을 써보세요. ⊙ Track 060

- 너는 ~해 보인다 → You [ ]

- 너는 좋아 보인다. → You look [.]

- 너는 오늘 좋아 보인다. → You look good [.]

- * 너는 좋아 보이지 않는다. → You [ ] look good.

실수⚠주의
- *You looks good.* (X) 주어가 3인칭 단수인 he, she, it일 때만 동사에 s를 붙여요.
- *You today look good.* (X) 영어에서 시간 표현은 문장 맨 뒤에 오는 것이 자연스러워요.

You look good today.

문장 만들기 연습 주어진 형용사를 사용해 우리말에 맞는 영어 문장을 써보세요.

1 너 오늘 피곤해 보인다. tired

→

2 너 오늘 불안해 보여. nervous

→

3 당신 오늘 창백해 보여요. pale

→

4 오늘 행복해 보이네. happy

→

5 오늘은 안 바빠 보이네. busy

→

패턴 2

You + look + like 명사.

너는 _____처럼 보인다[_____을 닮았다].

a film star
영화배우

🔑 **단어가 모여 문장** 듣고 빈칸을 채운 후 완성된 문장을 써보세요. 🔘 Track 061

• 너는 ~해 보인다 → [ ] [ ]

• 너는 ~처럼 보인다 → You | look | like

• 너는 영화배우처럼 보인다. → You | look | like | [.]

* 그는 영화배우처럼 보인다. → He | [ ] | like | a film star.

실수⚠주의 • You look a film star. (X) look 뒤에 바로 형용사가 올 수는 있어도 명사는 올 수 없어요. 명사를 쓰려면 look 다음에 전치사 like를 써야 해요.

• You like a film star. (X) 이 문장에서는 동사가 like이므로 '너는 영화배우를 좋아한다'라는 뜻이 돼버려요.

You look like a film star.

🔓 **문장 만들기 연습** 주어진 표현을 사용해 우리말에 맞는 영어 문장을 써보세요.

1 너는 엄마랑 닮았구나. your mother

➡ _____

2 당신들은 부자간 같아 보여요. father and son

➡ _____

3 너는 바보 같아 보여. an idiot

➡ _____

4 당신 패션모델 같아 보이세요. a fashion model

➡ _____

5 너는 좋은 사람 같아 보인다. a nice man

➡ _____

난 네 이야기가 무척 좋아.

상대방을 칭찬하거나 자신의 취향을 설명할 때는 어떤 표현을 쓸까요?
동사 like를 이용하여 좋아하는 것, 싫어하는 것을 나타내는 방법을 배워봐요.

난 네 이야기가 무척 좋아.

난 혼자 있기 싫어.

🔒 패턴 1 · 난 네 이야기가 무척 좋아.

동사 like 뒤에 명사나 to부정사를 쓰면 '~하기를 좋아한다'는 뜻이 돼요. I like your ~.는 '나는 '너의 ~가 좋다. / 마음에 든다.'라고 상대를 칭찬하는 의미예요. 문장 끝에 부사 very much를 붙이면 동사 like의 의미를 강조해서 '매우[아주] 좋아한다'는 뜻을 표현할 수 있어요.

🔒 패턴 2 · 난 혼자 있기 싫어.

'I like to + 동사원형.'은 '나는 ~하는 것을 좋아한다'는 뜻이지만 '~하고 싶다'라는 뜻으로도 쓰여요. 부정은 don't를 동사 앞에 써서 'I don't like to + 동사원형'으로 나타내요. '나는 ~하는 것을 싫어한다. / 나는 ~을 안 하고 싶다.'라는 의미가 돼요.

🔑 문장의 열쇠, 단어 듣고 큰 소리로 따라 읽어 보세요. 🎧 Track 062

- **like** 좋아하다
- **very much** 매우
- **coat** 코트
- **hairstyle** 헤어스타일
- **a lot** 많이, 매우, 정말
- **fish** 생선
- **fight with** ~와 싸우다
- **travel** 여행하다
- **by train** 기차로

패턴 1 | **I + like + your 마음에 드는 것(명사) + very much.**

난 너의 _____을 아주 좋아한다(마음에 든다).

story
이야기

🔑 **단어가 모여 문장** 듣고 빈칸을 채운 후 완성된 문장을 써보세요. 🎵 Track 063

- 난 ~을 좋아한다 → **I** ◻️
- 난 너의 ~을 좋아한다 → **I** like ◻️
- 난 너의 이야기를 좋아한다. → **I** like your ◻️.
- 난 너의 이야기를 무척 좋아한다. → **I** like your story _____ _____.

실수⚠주의 • *I like your story very many.* (X) many는 명사를 꾸며주는 형용사로만 쓸 수 있어요.

I like your story very much.

🔓 **문장 만들기 연습** 주어진 표현을 사용해 우리말에 맞는 영어 문장을 써보세요.

1 난 네 새 코트가 아주 마음에 들어. new coat
→ _____

2 난 네 목소리가 참 좋아. voice
→ _____

3 난 네 헤어스타일이 참 마음에 든다. hairstyle
→ _____

4 난 네 아이디어가 아주 좋아. idea
→ _____

5 난 네 여동생을 아주 좋아해. sister
→ _____

패턴 2 I + don't + like + to 동사원형 .

나는 _____을 안 좋아한다(싫어한다).

be alone
혼자 있다

🔑 **단어가 모여 문장** 듣고 빈칸을 채운 후 완성된 문장을 써보세요. ⊙ Track 064

• 나는 ~하는 것을 좋아한다 → I [   ] to

• 나는 ~하는 것을 안 좋아한다 → I [   ] like to

• 나는 혼자 있는 것을 안 좋아한다. → I don't like to [   ] .

실수⚠주의 • *I don't like to am alone.* (X) 주어가 I 이지만 to 뒤에는 동사원형인 be를 써야 해요.

• *I don't like be alone.* (X) 한 문장에 동사를 두 개 쓸 수 없어요. be 앞에 to를 써야 해요.

I don't like to be alone.

🔓 **문장 만들기 연습** 주어진 표현을 사용해 우리말에 맞는 영어 문장을 써보세요.

1 저는 이것을 하기 싫어요. do this

→ _____

2 난 말을 많이 하는 것을 좋아하지 않아. talk a lot

→ _____

3 전 생선은 안 먹고 싶어요. eat fish

→ _____

4 나 너랑 싸우고 싶지 않아 fight with you

→ _____

5 저는 기차 여행하는 것을 좋아해요. travel by train

→ _____

주스 좀 주세요.

자신이 바라거나 원하는 것을 말할 때 조동사 would와 동사 like를 이용하여 좀 더 부드럽고 정중하게 표현할 수 있어요.

Would you like to order now?
지금 주문하시겠어요?

이것을 입어보고 싶어요.

Yes. 주스 좀 주세요.

 패턴 1 주스 좀 주세요.

I'd like는 I would like를 줄여 쓴 것으로 일상 생활에서 자주 쓰는 표현 중 하나예요. '~ 좀'은 like 뒤에 'some + 대명사/명사'를 써서 표현하는데, 이 때 명사는 셀 수 없는 명사나 복수형을 써요. some 없이 바로 대명사나 명사를 써도 돼요. 문장 앞이나 뒤에 please를 쓰면 좀 더 공손한 표현이 되죠. 상대방의 의사를 물어볼 때는 'Would you like + 명사?'라고 하면 돼요.

 패턴 2 이것을 입어보고 싶어요.

'무엇을 하고 싶다'고 공손하게 말할 때 I'd like to~.를 사용해요. 이때 to 뒤에는 반드시 동사원형을 써요. I would like to~.는 'I want to + 동사원형.'보다 좀 더 격식을 갖춘 표현으로 '~하고 싶다'는 바람을 나타내요.

🔑 **문장의 열쇠, 단어** 듣고 큰 소리로 따라 읽어 보세요. 🔘 Track 065

- **I'd like** 나는 ~을 원한다
- **juice** 주스
- **warm** 따뜻한
- **more** 더 많은 양[수]의
- **flower** 꽃

- **ice cream** 아이스크림
- **ketchup** 케첩
- **hotdog** 핫도그
- **I'd like to** 나는 ~을 하고 싶다
- **try ~ on** ~을 입어[걸쳐, 신어]보다

- **speak to** ~와 이야기하다
- **check out** (객실 등에서) 체크아웃 하다
- **be one's friend** ~의 친구가 되다
- **hat** (둘레에 챙이 있는) 모자

패턴 1

I'd + like + some 원하는 것(명사), please.

저는 _____을 원합니다[_____ 주세요].

juice
주스

🔓 **단어가 모여 문장** 듣고 빈칸을 채운 후 완성된 문장을 써보세요. ◎ Track 066

• 저는 ~을 원해요 → [　　　] like

• 저는 ~을 원합니다. → I'd like ~, [　　　].

• 저는 ~을 좀 원합니다. → I'd like [　　　] ~, please.

• 주스 좀 주세요. → I'd like some [　　　,] please.

실수⚠주의 • I'd like some juices, please. (X) juice는 셀 수 없는 명사이므로 항상 단수형으로 써요.

I'd like some juice, please.

🔓 **문장 만들기 연습** 주어진 표현을 사용해 우리말에 맞는 영어 문장을 써보세요.

1 따뜻한 물 좀 주세요. [warm water]
→ _____

2 김치를 좀 더 주세요. [more kimchi]
→ _____

3 꽃을 좀 주세요. [flowers]
→ _____

4 아이스크림 좀 주세요. [ice cream]
→ _____

5 핫도그 위에 케첩 좀 발라 주세요. [ketchup on the hotdog]
→ _____

패턴 2 # I'd + like + to 동사원형 .

저는 _____하고 싶어요.

try this on
이것을 입어보다

🔑 **단어가 모여 문장** 듣고 빈칸을 채운 후 완성된 문장을 써보세요. 🎧 Track 067

• 저는 ~을 원해요 → ☐ ☐

• 저는 ~하고 싶어요 → I'd like to

• 저는 이것을 한번 입어보고 싶어요. → I'd like to _____ .

실수⚠️주의 • *I'd like try this on.* (X) 한 문장에 동사를 두 개 쓸 수 없어요. be 앞에 to를 써야 해요.
• *I'd to like to try this on.* (X) I'd(= I would)의 would는 조동사이므로 그 뒤에는 동사원형인 like를 써야 해요.

I'd like to try this on.

🔓 **문장 만들기 연습** 주어진 표현을 사용해 우리말에 맞는 영어 문장을 써보세요.

1 저는 당신을 도와드리고 싶어요. help you
→ _____

2 Jane과 얘기하고 싶습니다. speak to Jane
→ _____

3 체크아웃하고 싶습니다. check out
→ _____

4 당신의 친구가 되고 싶어요. be your friend
→ _____

5 모자를 사고 싶습니다. buy a hat
→ _____

곧 시작합시다.

동사 let을 이용하여 '~ 하자'라고 제안하고 권유하거나, 허락을 요청하는 문장을 만들 수 있어요.

🔒패턴 1 곧 시작합시다.

동사 (et의 원래 뜻은 '시키다, 허락하다'예요. Let's ~.는 Let us ~.를 줄인 말로, 직역하면 '우리로 하여금 ~하게 하다.'라는 말이지만, 'Let's + 동사원형.'은 '우리 ~하자.'라는 제안과 권유의 의미가 돼요. '우리 ~하지 말자.'는 'Let's + not + 동사원형.'으로 나타내요. 이 말에 '그러자.'라고 동의하려면 Sure. / Of course. / Yes, let's.라고 답하면 돼요.

🔒패턴 2 (나는) 먼저 갈게(가게 해 줘).

'Let + me + 동사원형.'의 형태로도 많이 쓰는데, '내가 ~하도록 해줘.', 즉 '내가 ~할게.'라고 해석해요. (et이 동사이므로 그 뒤에는 목적어가 와야 해서 나(I)의 목적격인 me를 써야 해요. 상대방의 허락을 구한다기보다는 제안하거나 동의를 구하는 정도의 의미예요.

🔑 문장의 열쇠, 단어   듣고 큰 소리로 따라 읽어 보세요. ⊙ Track 068

- **Let's ~.** ~하자.(cf. let ~하게 하다)
- **soon** 곧
- **get together** 모이다

- **have lunch** 점심을 먹다
- **leave** 떠나다, 나가다
- **go back** 돌아가다

- **go first** 먼저 가다
- **think** 생각하다
- **introduce** 소개하다

Let's + 동작(동사원형) + soon.

곧 _____합시다[_____하자].

start
시작하다

단어가 모여 문장 듣고 빈칸을 채운 후 완성된 문장을 써보세요. ⊙ Track 069

• ~합시다 → Let's

• 시작합시다. → Let's [   ].

• 곧 시작합시다. → Let's [start] [   ].

* 시작하지 맙시다. → Let's [   ] [start.]

실수⚠주의 • Let's soon start. (X) 시간을 나타내는 부사 soon은 문장 맨 뒤에 와요.
• Let's start not soon. (X) '~하지 말자'고 할 때는 Let's 바로 뒤에 not을 써요.

Let's start soon.

문장 만들기 연습 주어진 표현을 사용해 우리말에 맞는 영어 문장을 써보세요.

1 곧 모이자. [get together]
→ _____

2 조만간 점심을 먹어요. [have lunch]
→ _____

3 곧 떠납시다. [leave]
→ _____

4 어서 하자. [do it]
→ _____

5 돌아가지 말자. [go back]
→ _____

Let + me + 동작(동사원형).

(내가) _____할게(_____하게 해줘).

go first
먼저 가다

단어가 모여 문장 듣고 빈칸을 채운 후 완성된 문장을 써보세요. (●) Track 070

- ~하게 해 주다 → ☐

- 내가 ~하게 해 줘 → Let | me

- 내가 먼저 가게 해 줘. → Let | me | _____ .

- *내가 먼저 가게 하지 마. → Don't | ☐ | ☐ | go first.

실수⚠주의 • *Let I go first.* (X) 동사 Let 뒤에는 목적어가 와야 하므로 I의 목적격 me를 써야 해요.
• *Let I to go first.* (X) Let me 뒤에는 동사원형만 올 수 있어요.

Let me go first.

문장 만들기 연습 주어진 표현을 사용해 우리말에 맞는 영어 문장을 써보세요.

1 (잠깐) 생각 좀 해 보고 (대답할게). think

→ _____

2 어디 보자[글쎄다]. see

→ _____

3 내가 네 전화 좀 쓸게. use your phone

→ _____

4 그걸 먹을게요. have it

→ _____

5 제 소개를 할게요. introduce myself

→ _____

네 도움이 필요해.

내게 무엇이 필요하다거나 상대방이 무언가를 할 필요가 없다는 것은 어떻게 나타낼까요? 동사 need를 이용하여 필요나 불필요를 나타내는 표현을 배워봐요.

> 난 네 도움이 필요해.

> 넌 걱정할 필요가 없어.

Thank you.
고마워.

🔒 **패턴 1** (난) 네 도움이 필요해.

동사 need는 '~을 필요로 하다'라는 뜻이죠. '주어 + need + 명사.'나 '주어 + need + to 동사원형.'의 형태로 써서 '~가 필요하다, ~을 해야 한다'는 의미를 나타낼 수 있어요. 주어가 3인칭 단수일 때는 needs를 써서 'She / He / It + needs ~.'라고 해요. 부정형은 I don't need ~.로 써요.

🔒 **패턴 2** 넌 걱정할 필요가 없어.

'너는 ~할 필요가 없다'고 할 때는 You don't need to~.라고 해요. 동사 need 뒤에 목적어로 동사 형태를 쓸 때는 한 문장에 동사가 두 개 연달아 나올 수 없으므로 뒤에 나오는 동사는 'to 동사원형(~하기, ~하는 것)'으로 쓰는 거예요. 상대방에게 뭔가 필요한지, 뭔가를 해야 하는지 물을 때는 'Do you need to 동사원형~?'이라고 해요.

🔑 **문장의 열쇠, 단어** 듣고 큰 소리로 따라 읽어 보세요. 🔘 Track 071

- **need** 필요로 하다
- **bigger** 더 큰(big(큰)의 비교급)
- **exercise** 운동
- **need to** ~할 필요가 있다, ~해야 한다
- **worry** 걱정하다
- **cook** 요리하다
- **dinner** 저녁식사

I + need + 필요한 것(명사/to 동사원형).

나는 _____을 필요로 한다. / 나는 _____해야 한다.

your help
네 도움

🔒 **단어가 모여 문장** 듣고 빈칸을 채운 후 완성된 문장을 써보세요. 🎧 Track 072

● 나는 ~을 필요로 한다 → | I | need |

● 나는 네 도움을 필요로 한다. → | I | need | _____. |

＊ 나는 네 도움이 필요 없다. → | I | | need | your help. |

＊ 너는 나를 도울 필요가 있다. → | You | need | to | | me. |

실수⚠주의 ● *I not need your help.* (X) 일반동사의 부정은 'don't / doesn't + 동사원형'으로 써야 해요.
● *You need help me.* (X) 한 문장에는 동사가 하나만 나올 수 있어요. need 뒤에 나온 동사 help를 to help로 바꿔요.

I need your help.

🔓 **문장 만들기 연습** 주어진 표현을 사용해 우리말에 맞는 영어 문장을 써보세요.

1 난 먹을 게 필요해(배고파). something to eat

→ _____

2 한 치수 큰 것으로 주세요. a bigger size

→ _____

3 난 운동 좀 해야겠어. some exercise

→ _____

4 난 선물을 사야 해. buy a gift

→ _____

5 난 지금 가야 해. go now

→ _____

패턴 2 # You + don't + need + to 동사원형 .

너는 _____ 할 필요가 없다(꼭 _____하지 않아도 된다).

> **worry**
> 걱정을 하다

🔓 단어가 모여 문장 듣고 빈칸을 채운 후 완성된 문장을 써보세요. ⊙ Track 073

- 너는 ~할 필요가 있다 → You [   ] to

- 너는 ~할 필요가 없다 → You [   ] need to

- 너는 걱정할 필요가 없다. → You don't need to [   ] .

- * 네가 걱정할 필요가 있니? → Do You [   ] to worry?

실수⚠주의
- *You need worry.* (X) need의 목적어로 동사가 올 때는 'to + 동사원형', 즉 to worry로 써야 해요.
- *You doesn't need to worry.* (X) 주어가 you일 때 부정문과 의문문에서는 don't와 Do를 써요.

You don't need to worry.

🔓 문장 만들기 연습 주어진 표현을 사용해 우리말에 맞는 영어 문장을 써보세요.

1 넌 나를 기다려 줄 필요가 없어. [wait for me]
→

2 넌 우리에게 말할 필요 없어. [tell us]
→

3 당신은 무서워할 필요가 없어요. [be scared]
→

4 넌 지금 떠날 필요 없잖아. [leave now]
→

5 네가 저녁을 할 필요가 있니? [cook dinner]
→

Unit 25

저는 보통 저녁에 산책을 해요.

날마다 일상적으로 반복해서 하는 습관과 같은 행동이 있나요?
동사 take를 이용하여 현재의 일상적인 행동은 물론, 과거에 했던 일도 나타낼 수 있어요.

Do I know you?
저를 아세요?

우리 어제 버스를 탔죠.

저는 보통 저녁에 산책을 해요.

Shall we take a walk?
우리 산책할까요?

🔒 패턴 1 저는 보통 저녁에 산책을 해요.

동사 take는 have처럼 여러 가지 뜻으로 활용되는 만능 동사예요. 원래 뜻은 '~에 가지고 가다, 데려다 주다'지만 뒤에 여러 가지 목적어를 써서 다양한 뜻을 나타낼 수 있어요. take a rest/shower/bath/nap/class는 '쉬다/샤워하다/목욕하다/낮잠을 자다/수업을 듣다'라는 뜻이죠. 부사 usually를 동사 앞에 쓰면 '보통, 늘' 하는 습관을 나타낼 수 있어요. 또, 시간을 나타낼 때 아침/오후/저녁(morning / afternoon / evening)은 전치사 in과 함께, 밤(night)은 전치사 at과 함께 쓰는 것에 유의하세요.

🔒 패턴 2 우리는 어제 버스를 탔죠.

과거인 어제의 일을 표현하려면 동사 take의 과거형 took를 써요. 위에 나온 표현 외에도 차를 타거나 여행을 가는 등 여러 상황을 나타낼 때 활용할 수 있죠. take a bus/picture/quiz/test/trip은 '버스를 타다/사진을 찍다/간단한 시험을 보다/시험을 보다/여행을 하다'라는 뜻이 돼요.

🔑 문장의 열쇠, 단어 듣고 큰 소리로 따라 읽어 보세요. 🔘 Track 074

- **usually** 보통, 대개
- **take a walk** 산책하다
- **in the evening** 저녁에
- **at night** 밤에
- **take a rest** 휴식을 취하다, 쉬다

- **take a shower** 샤워를 하다
- **in the morning** 아침에
- **take a nap** 낮잠을 자다
- **in the afternoon** 오후에
- **take a bath** 목욕을 하다

- **take a class** 수업을 듣다
- **take a bus / taxi** 버스/택시를 타다
- **take a quiz / math test** 간단한 시험/수학 시험을 보다
- **take a picture** 사진을 찍다
- **take a trip** 여행을 하다

I/He + usually + take/takes + 명사 + in/at 시간 표현(명사)

나는 / 그는 보통 _____에 _____을 한다.

a walk / in the evening
저녁에 산책

단어가 모여 문장 듣고 빈칸을 채운 후 완성된 문장을 써보세요. ⊙ Track 075

- 나는 보통 → **I** [ ]

- 나는 보통 산책을 한다. → **I usually** [ ] **a _____.**

- 나는 보통 저녁에 산책을 한다. → **I usually take a walk _____ _____ _____.**

- *그는 보통 밤에 산책을 한다. → **He usually** [ ] **a walk at night.**

실수⚠주의
- *I take a walk at evening.* (X) evening은 시간 전치사 in과 함께 쓰고, at은 night와 함께 써요.
- *He usually take a walk at night.* (X) 주어가 he, she와 같은 3인칭 단수면 동사에 -(e)s를 붙여요.

I usually take a walk in the evening.

문장 만들기 연습 주어진 표현을 사용해 우리말에 맞는 영어 문장을 써보세요.

1 나는 보통 저녁에 쉰다. a rest in the evening
→ _____

2 저는 보통 아침에 샤워를 해요. a shower in the morning
→ _____

3 그는 보통 오후에 낮잠을 자. a nap in the afternoon
→ _____

4 그는 보통 밤에 목욕을 해요. a bath at night
→ _____

5 그는 보통 야간 강좌를 듣는다. a class at night
→ _____

We + took + 교통수단/한 일(명사) + yesterday.

우리는 어제 _____을 탔다/했다.

a bus
버스

🔒 **단어가 모여 문장** 듣고 빈칸을 채운 후 완성된 문장을 써보세요. ⊙ Track 076

● 우리는 ~을 탔다 → | We | |

● 우리는 버스를 탔다. → | We | took | . |

● 우리는 어제 버스를 탔다. → | We | took | a bus | . |

* 우리는 매일 버스를 탄다. → | We | | a bus | every day. |

실수⚠주의
● *We take a bus yesterday.* (X) 어제(yesterday)는 과거이므로 과거동사 took를 써야 해요.
● *We yesterday took a bus.* (X) '주어 + 동사 + 목적어 + 시간 표현' 순서로 쓰므로 시간부사 yesterday는 보통 문장 끝에 써요.

We took a bus yesterday.

🔓 **문장 만들기 연습** 주어진 명사를 사용해 우리말에 맞는 영어 문장을 써보세요.

1 우리는 어제 택시를 탔어요. **a taxi**
→ _____

2 우리는 어제 간단한 시험을 봤다. **a quiz**
→ _____

3 우리는 어제 사진을 찍었다. **a picture**
→ _____

4 우리는 어제 여행을 떠났다. **a trip**
→ _____

5 우리는 어제 수학 시험을 봤어요. **a math test**
→ _____

충고 정말 고마워.

thank를 이용하여 고마움과 감사함을 나타낼 수 있어요.
잘 익혀서 상황에 맞는 감사 인사를 해봐요.

충고 정말 고마워.

Oh, you're welcome.
아, 천만에.

It's my pleasure.
천만에요.

말씀해주셔서 감사합니다.

 패턴 1 **충고 정말 고마워.**

Thanks.와 Thank you.는 둘 다 고맙다는 말이에요. 미국인들은 습관처럼 입에 달고 쓰는데, 이 두 표현 간에는 약간 차이가 있어요. Thanks.는 주로 가까운 사이에서 편하게 쓰기 때문에 아랫사람이 윗사람 또는 직장 상사에게 쓰지는 않는다는 거죠. Thanks.나 Thank you. 뒤에 '정말로, 대단히' 고맙다는 의미로 a lot이나 so much, very much를 붙일 수 있어요.

 패턴 2 **(제게) 말씀해주셔서 감사합니다.**

Thanks/Thank you for~ 다음에 감사한 이유를 써서 왜 감사한지 나타낼 수 있는데, 이때 주의할 점은 for 뒤에 명사 또는 '동사-ing'를 쓴다는 거예요. for가 전치사이므로 그 뒤에 명사나 명사형이 와야 하고, 동사를 그대로 쓸 수 없기 때문이죠.

🔑 문장의 열쇠, 단어   듣고 큰 소리로 따라 읽어 보세요. ⊙ Track 077

- **thank** 감사하다, 고마워하다
- **advice** 충고
- **everything** 모든 것
- **ride** 태워 주기; 타다
- **invitation** 초대(장)
- **call back** 다시 전화를 걸다
- **say** 말하다
- **listen** 듣다

패턴 1 # Thanks + a lot + for 고마운 것(명사).

_____에 대해 정말 고맙다[고마워요].

your advice
너의 충고

단어가 모여 문장 듣고 빈칸을 채운 후 완성된 문장을 써보세요. ⊙ Track 078

• 고맙다. → Thanks.

• 정말 고맙다. → Thanks _____ _____.

• ~에 대해 정말 고맙다 → Thanks a lot for

• 너의 충고 정말 고맙다. → Thanks a lot for _____.

실수⚠주의 • *Thank a lot for your advice.* (X) thank는 동사, Thanks.는 '고맙다.'라는 감탄사에요. Thank you ~. 또는 Thanks ~.로 표현해요.

• *Thanks for the advice a lot.* (X) a lot은 Thanks를 꾸며주어 어느 정도로 감사한지 표현하는 말이므로 Thanks 바로 뒤에 써야 해요

Thanks a lot for your advice.

문장 만들기 연습 주어진 표현을 사용해 우리말에 맞는 영어 문장을 써보세요.

1 모든 것 다 정말 고마워. everything

→ _____

2 태워줘서 정말 고마워. the ride

→ _____

3 시간을 내줘서 정말 고마워요. your time

→ _____

4 그 책 정말 고마워. the book

→ _____

5 초대 정말 고마워요. the invitation

→ _____

Thank + you + for 고마운 것(동사-ing) .

_____해줘서 감사합니다.

telling me
내게 말해주기

🔑 단어가 모여 문장 듣고 빈칸을 채운 후 완성된 문장을 써보세요. ⊙ Track 079

- 감사합니다. → [   ] you.

- ~해줘서 감사합니다 → Thank you [   ]

- 내게 말해줘서 감사합니다. → Thank you for [.]

실수⚠주의
- *Thank for telling me.* (X) thank는 그 뒤에 목적어가 꼭 필요한 동사이므로 감사하는 대상 you를 함께 써야 해요.
- *Thank you for tell me.* (X) 전치사 for 뒤에는 '동사-ing'를 써요.

Thank you for telling me.

🔓 문장 만들기 연습 주어진 표현을 사용해 우리말에 맞는 영어 문장을 써보세요.

1 다시 전화 주셔서 고맙습니다. calling back
→ _____

2 절 초대해 주셔서 감사합니다. inviting me
→ _____

3 오늘 와주셔서 고맙습니다. coming today
→ _____

4 그렇게 말씀해주시니 감사합니다. saying that
→ _____

5 들어주셔서 감사해요. listening
→ _____

네가 틀린 것 같아.

동사 think와 believe를 이용하여 자신의 생각이나 의견이 어떤지, 또 무엇이 어떻다고 믿는지 표현해 봐요.

He likes you.
그는 널 좋아해.

네가 틀린 것 같아.

나는 그가 나를 좋아한다는 것을 믿지 않아.

패턴 1 (나는) 네가 틀린 것 같아(틀렸다고 생각한다).

I think~.는 '나는 ~라고 생각해.', '나는 ~인 것 같은데.'라는 뜻이에요. '확신할 순 없지만 내 생각이나 의견은 이렇다'고 할 때 쓰는 표현이에요. I think 다음에 that을 쓰고, 무엇이 어떻다고 생각하는지 말하면 돼요. 즉 'I think + that + 주어 + 동사.'로 쓰는데, 이때 that은 생략할 수 있어요. 부정형으로 I don't think~.라고 하면 '나는 ~라고 생각하지 않는다.'는 의미가 돼요.

패턴 2 나는 그가 나를 좋아한다는 것을 믿지 않아.

I believe~.는 '나는 ~을 믿는다.'는 뜻이에요. '믿지 않는다'라고 할 때는 I don't believe~.를 써요. I don't believe the news.(나는 그 소식을 안 믿어.)처럼 'I don't believe + 명사.'로 쓸 수도 있고, I don't believe that it is true.(나는 그게 진실이라고는 믿지 않아.)처럼 'I don't believe + 주어 + 동사.'로 쓸 수도 있어요. 이때도 that은 생략할 수 있어요.

🔑 문장의 열쇠, 단어　듣고 큰 소리로 따라 읽어 보세요. 🔘 Track 080

- **wrong** 틀린, 잘못된
- **enough** 충분한; 충분히
- **look nice** 멋져 보이다

- **right** 옳은
- **too** 너무
- **come** 오다

- **believe** 믿다
- **lie to** ~에게 거짓말하다
- **dead** 죽은

패턴 1 I + think + 내용(주어+동사~) .

나는 _____이라고 생각해(_____이겠지).

you're wrong
네가 틀렸다

단어가 모여 문장 듣고 빈칸을 채운 후 완성된 문장을 써보세요. ⊙ Track 081

- 나는 생각한다. → **I** [_____] .

- 네가 틀렸다. → **You're** **wrong.**

- 나는 네가 틀렸다고 생각한다. → **I** **think** **(that)** [_____] .

실수⚠주의 • *I you're wrong think.* (X) 영어 문장에서는 주어 뒤에 바로 동사가 나와야 하므로 문장이
I think로 시작해야 해요.

I think that you're wrong.

문장 만들기 연습 주어진 표현을 사용해 우리말에 맞는 영어 문장을 써보세요.

1 이거면 충분하다고 생각해. this is enough
→ _____

2 난 (그것이) 좋아 보이는 것 같아. it looks nice
→ _____

3 난 네가 옳다고 생각해. you're right
→ _____

4 그건 너무 큰 것 같아요. it's too big
→ _____

5 난 그들이 올 거라고 생각한다. they'll come
→ _____

I + don't + believe + 내용(주어 + 동사 ~).

나는 _____이라고 믿지 않는다.

he likes me
그가 나를 좋아한다

🔓 단어가 모여 문장 듣고 빈칸을 채운 후 완성된 문장을 써보세요. **◉** Track 082

• 나는 믿는다. → I [   ].

• 나는 믿지 않는다. → I [   ] [   ].

• 그가 나를 좋아한다. → He likes me.

• 나는 그가 나를 좋아한다고 믿지 않는다. → I don't believe (that) [   ].

* 나는 그가 나를 좋아한다고 믿는다. → I [   ] (that) he likes me.

실수⚠️주의 • *I don't believe him likes me.* (X) 내가 믿지 않는 것은 '그'가 아니라 '그가 나를 좋아한다.'는 것이죠. 즉 I don't believe의 목적어는 him이 아니고 '그가 나를 좋아한다(he likes me.)'는 문장이므로 him을 he로 고쳐야 해요.

I don't believe that he likes me.

🔓 문장 만들기 연습 주어진 표현을 사용해 우리말에 맞는 영어 문장을 써보세요.

1 난 그가 내게 거짓말을 했다는 것을 안 믿어. [he lied to me]

→ _____

2 나는 그게 실수라고 믿어요. [that's a mistake]

→ _____

3 난 그녀가 그것을 했다고 믿지 않는다. [she did it]

→ _____

4 전 그가 죽었다는 것을 안 믿어요. [he's dead]

→ _____

5 난 당신이 뉴욕 출신이라는 것을 믿어요. [you're from New York]

→ _____

난 여기 있고 싶지 않아.

내가 원하는 것이나 하고 싶은 것은 어떻게 표현하면 될까요? 또 상대방이 원하는 것이
무엇인지 알고 싶을 땐 어떻게 물어보면 될까요? 바로 동사 want를 이용하면 된답니다.

> 난 여기 있고 싶지 않아.

> 너는 여기 머물고 싶니?

> **Yes, I'd love to.**
> 응, 나는 여기 있고 싶어.

패턴 1 난 여기 있고 싶지 않아.

동사 want(원하다)를 'I want + 명사.' 또는 'I want + to 동사원형.' 형태로 써서 자기가 원하는 것을 나타낼 수 있어요.
원하지 않는다고 부정하려면 I don't want~.라고 해요. 3인칭 단수 주어 he나 she 다음에는 doesn't want를 쓰면 돼요.

패턴 2 너는 여기 머물고 싶니?

상대에게 어떤 것을 원하는지, 뭔가를 하고 싶은지 물어볼 때는 'Do you want + 명사?' 또는 'Do you want + to 동사원
형~?'을 사용할 수 있어요. 또, 무엇을 원하느냐고 물어볼 때는 의문사 what을 문장 맨 앞에 써서 What do you want?라고
해요.

문장의 열쇠, 단어 듣고 큰 소리로 따라 읽어 보세요. Track 083

- **want** 원하다
- **talk about** ~에 관해 이야기하다
- **happily** 행복하게
- **smarter** 더 똑똑한(smart(똑똑한)의 비교급)
- **go home** 집에 가다

패턴 1 🔒 I + don't + want + 원하는 것(to 동사원형).

나는 _____하기를 원하지 않는다(_____하고 싶지 않다).

to be here
여기 있다

🔓 **단어가 모여 문장** 듣고 빈칸을 채운 후 완성된 문장을 써보세요. ⊙ Track 084

- 나는 원한다 → [I] [ ]

- 나는 원하지 않는다 → [I] [ ] [ ]

- 나는 원하지 않는다 → [I] [don't] [want] [.]

* 그녀는 여기 있는 것을 원하지 않는다. → [She] [ ] [ ] [to be here.]

실수⚠주의
- *I want not to be here.* (X) 동사 want를 부정할 때는 don't나 doesn't를 써요
- *I don't want be here.* (X) 동사 뒤에 바로 동사를 또 쓸 수 없으므로 be를 'to 동사원형' 형태로 써서 to be라고 해야 해요.

I don't want to be here.

🔓 **문장 만들기 연습** 주어진 표현을 사용해 우리말에 맞는 영어 문장을 써보세요.

1 난 네 말 듣고 싶지 않아. [to hear you]
→ _____

2 난 널 아프게 하고 싶지 않아. [to hurt you]
→ _____

3 저는 그녀를 보고 싶지 않아요. [to see her]
→ _____

4 나 그것에 관해 말하고 싶지 않아. [to talk about it]
→ _____

5 그녀는 공부하고 싶지 않다. [to study]
→ _____

Do + you + want + 원하는 것(to 동사원형)?

너는 _____하기를 원하니(_____ 하고 싶니)?

to stay here
여기 머물다

단어가 모여 문장 듣고 빈칸을 채운 후 완성된 문장을 써보세요. ● Track 085

- 너는 원한다 → [   ] [   ]

- 너는 원하니? → [   ] [   ] want?

- 너는 여기에서 머물고 싶니? → Do you want [   ] ?

- * 너는 여기 머물고 싶잖아. → You want to stay here.

실수⚠주의
- *Are you want to stay here?* (X) 동사 want의 의문문은 do나 does를 주어 앞에 써서 만들어요.
- *What do you want here?* (▲) 의문문 앞에 What을 쓰면 '너는 여기서 무엇을 원하니?라는 뜻이 돼요.

Do you want to stay here?

문장 만들기 연습 주어진 표현을 사용해 우리말에 맞는 영어 문장을 써보세요.

1 춤 추고 싶어요? to dance
→ _____

2 지금 점심을 먹고 싶니? to have lunch now
→ _____

3 당신은 행복하게 살고 싶어요? to live happily
→ _____

4 넌 더 똑똑해지기를 원하니? to be smarter
→ _____

5 너는 집에 가고 싶어? to go home
→ _____

Chapter 3
조동사

할 수 있는 것, 해야 할 일 등을
조동사를 이용해 나타내는 방법을 배워요.

Unit 29 능력 표현하기 can

패턴 1 주어 can ~.
패턴 2 주어 can't ~.

Unit 30 허락 구하기 / 제안하기 can, could

패턴 1 Can I ~?
패턴 2 Could I ~, please?

Unit 31 도움 요청하기 can

패턴 1 Can you help me with ~?
패턴 2 Could you please ~?

Unit 32 의지 표현하기 / 의지 묻기 will

패턴 1 주어 will/won't ~.
패턴 2 Will you ~?

Unit 33 추측하기 / 허락 요청하기 may

패턴 1 주어 may (not) ~.
패턴 2 May I ~?

Unit 34 의무 말하기 have to

패턴 1 주어 have to ~.
패턴 2 주어 has to ~.

Unit 35 불필요한 것 말하기 have to

패턴 1 주어 don't have to ~.
패턴 2 주어 doesn't have to ~.

Unit 36 해야 할 일 묻기 have to

패턴 1 Do 주어 have to ~?
패턴 2 Does 주어 have to ~?

Unit 37 의무 표현하기 / 조언하기 should

패턴 1 주어 should ~.
패턴 2 You shouldn't ~.

Unit 38 의무 말하기 / 조언 구하기 should

패턴 1 I think I should ~.
패턴 2 What should I/we ~?

난 중국어를 할 수 있어.

조동사 can을 사용하여 '~을 할 수 있다' 또는 '~을 할 수 없다'는 능력을 표현해봐요.

난 중국어를 할 수 있어.

그는 중국어를 한마디도 못해.

🔒 **패턴 1** 나는 중국어를 할 수 있어.

'~을 할 수 있다'는 능력을 나타낼 때는 조동사 can 다음에 동사원형을 써요. 조동사는 동사를 도와주는 동사로, 항상 동사원형과 함께 짝을 지어서 쓰여요. 주어로 3인칭 단수 he나 she가 올 때도 조동사의 모양은 바뀌지 않아요.

🔒 **패턴 2** 그는 중국어를 한마디도 못해.

'~을 할 수 없다'라는 뜻은 조동사 can의 부정형을 이용해서 나타내요. can의 부정형은 뒤에 not을 붙인 cannot 또는 줄여서 can't예요. 부정형 can't 뒤에도 항상 동사원형을 쓴다는 것을 기억하세요.

🔑 **문장의 열쇠, 단어** 듣고 큰 소리로 따라 읽어 보세요. 🔘 Track 086

- **can** ~할 수 있다
  (cf. can't(= cannot) ~할 수 없다)
- **Chinese** 중국어
- **pass** 통과하다
- **draw** 그리다

- **with us** 우리와 함께
- **carry** 나르다, 가지고 다니다
- **box** 상자
- **by oneself** 혼자서, 도움을 받지 않고
- **get here** 여기 오다[도착하다]

- **in time** 시간에 맞춰, 늦지 않게
- **answer the question** 질문에 답하다
- **find** 찾다
- **bag** 가방

패턴 1 **주어 + can +** 동작(동사원형).

_____은 _____을 할 수 있다.

speak Chinese
중국어를 하다

단어가 모여 문장 듣고 빈칸을 채운 후 완성된 문장을 써보세요. ⊙ Track 087

• 나는 말할 수 있다. → I | can | ___ .

• 나는 중국어를 말할 수 있다. → I | can | _____ .

＊ 그는 중국어를 말할 수 있다. → He | ___ | speak Chinese.

＊ 나는 중국어를 말할 수 없다. → I | can't(= cannot) | speak Chinese.

실수⚠주의 • _He can speaks Chinese._ (X) 주어가 3인칭 단수 he, she, it이라도 조동사 뒤에는 동사원형을 써야 해요.
• _I don't speak Chinese._ (▲) don't speak를 쓰면 '중국어를 할 수 없다[못한다]'의 능력을 나타내는 것이 아니라 '나는 중국어를 안 해.'라는 뜻이 돼요.

I can speak Chinese.

문장 만들기 연습 주어진 표현을 사용해 우리말에 맞는 영어 문장을 써보세요.

1 너는 그것을 할 수 있어! do it
→ _____

2 Mary는 자전거를 탈 수 있어요. ride a bike
→ _____

3 우리는 시험을 통과할 수 있어. pass the exam
→ _____

4 Bob이 그림을 그릴 수 있다. draw pictures
→ _____

5 그들이 우리와 함께 올 수 있다. come with us
→ _____

패턴 2 주어 + can't + 동작(동사원형).

_____은 _____을 할 수 없다.

speak a word of Chinese
중국어를 한 마디 하다

단어가 모여 문장 듣고 빈칸을 채운 후 완성된 문장을 써보세요. **◉** Track 088

• 그는 ~을 할 수 없다 → ☐ ☐ = He cannot

• 그는 말할 수 없다. → He can't ☐ .

• 그는 중국어를 한마디도 할 수 없다. → He can't speak a word of Chinese.

* 너는 중국어를 하니? → ☐ ☐ speak Chinese?

실수⚠주의 • He doesn't speak a word. (▲) doesn't와 함께 쓰면 '그는 한마디도 하지 않는다.'는 뜻이에요.

He can't speak a word of Chinese.

문장 만들기 연습 주어진 표현을 사용해 우리말에 맞는 영어 문장을 써보세요.

1 저는 그 상자를 혼자 힘으로 옮길 수 없어요. carry the box by myself

→

2 John은 제시간에 여기에 올 수 없어요. get here in time

→

3 우리는 오래 이야기를 못 해. talk long

→

4 Jane은 질문에 답할 수 없어요. answer the question

→

5 내 가방을 못 찾겠어요. find my bag

→

부탁 하나 해도 될까요?

조동사 can을 이용하여 '제가 ~해도 될까요?'라는 뜻으로 상대방의 허락을 구할 수 있어요.

> Mom, 부탁 하나 해도 될까요?

> Sure. What is it?
> 물론이지. 무엇이니?

> 깨끗한 포크를 주시겠어요?

🔒 패턴 1 부탁 하나 해도 될까요?

조동사를 주어 앞에 쓰면 조동사의 의문문이 돼요. Can I ~?는 직역하면 '내가 할 수 있을까요?'이지만 '~해도 될까요?'라는 의미로 상대방의 허락을 구할 때 주로 사용해요. 영어에는 높임말은 없지만 Can I ~?보다 May I ~?가 좀 더 정중한 표현이에요. 또 Can I ~? 뒤에 please를 붙이면 더 공손한 느낌을 줄 수 있어요.

🔒 패턴 2 깨끗한 포크를 주시겠어요?

조동사 could는 can의 과거형으로 '~할 수 있었다'라는 의미예요. 그러나 'Could I + 동사원형?'의 형태로 쓰일 때는 과거의 의미가 아니라 Can I ~?보다 더 정중하게 상대방의 허락을 구하거나, 부탁을 하는 표현이에요. please를 뒤에 붙이면 더욱 공손한 표현이 돼요.

문장의 열쇠, 단어　듣고 큰 소리로 따라 읽어 보세요. 🔊 Track 089

- **ask a favor** 부탁하다
- **take one's order** ~의 주문을 받다
- **sit** 앉다
- **next to** ~옆에
- **borrow** 빌리다
- **fork** 포크
- **bathroom** 화장실
- **take one's picture** ~의 사진을 찍다
- **phone number** 전화번호
- **menu** 메뉴

패턴 1 Can + I + 허락 내용(동사원형)?

내가 _____해도 될까?

ask a favor
부탁하다

🔒 단어가 모여 문장 듣고 빈칸을 채운 후 완성된 문장을 써보세요. 🔘 Track 090

- 나는 ~을 할 수 있다 → **I** **can**

- 나는 요청할 수 있다. → **I** **can** [.]

- 내가 요청할 수 있니? → [ ] [ ] **ask?**

- 내가 부탁 하나 해도 될까? → **Can** **I** [?]

실수 ⚠ 주의 • Can I to ask a favor? (X) 조동사 can 뒤에는 동사원형을 써야 해요.

Can I ask a favor?

🔓 문장 만들기 연습 주어진 표현을 사용해 우리말에 맞는 영어 문장을 써보세요.

1 내가 도와줄까? help you
→ _____

2 주문 받아 드릴까요? take your order
→ _____

3 당신 옆에 앉아도 될까요? sit next to you
→ _____

4 이거 입어봐도 될까요? try this on
→ _____

5 이 책 좀 빌릴 수 있을까? borrow this book
→ _____

패턴 2

Could + I + 허락 내용(동사원형) , please?

제가 _____해도 되겠습니까?

have a new fork
새 포크를 갖다

단어가 모여 문장 듣고 빈칸을 채운 후 완성된 문장을 써보세요. ⊙ Track 091

● 제가 ~해도 되겠습니까? → [　　] I [　~,　] [　　　?]

● 제가 ~을 가져도 되겠습니까? → Could I have ~, please?

● 새 포크를 하나 주시겠습니까? → Could I [　　　　　　　, please?

실수⚠주의 • *Please could I have a new fork?* (X) please는 명령문에서는 문장 앞이나 뒤에 써도 좋지만 의문문일 때는
Could I please have a new fork? 또는 Could I have a new fork, please?처럼 문장 중간이나 끝에 써요.

Could I have a new fork, please?

문장 만들기 연습 주어진 표현을 사용해 우리말에 맞는 영어 문장을 써보세요.

1 당신의 화장실 좀 써도 되겠습니까? [use your bathroom]
→ _____

2 시험을 내일 봐도 되겠습니까? [take the exam tomorrow]
→ _____

3 당신 사진을 찍어도 되겠습니까? [take your picture]
→ _____

4 당신 전화번호를 알 수 있겠습니까? [have your phone number]
→ _____

5 메뉴를 볼 수 있겠습니까? [see a menu]
→ _____

내 숙제 도와줄 수 있어?

상대방에게 뭔가 부탁하거나 요청할 때 조동사 can 또는 과거형 could를 이용해 보세요.

 패턴 1 (내가) 숙제 (하는 것) 도와줄 수 있어?

'Can you + 동사원형~?'은 '너는 ~할 수 있니(~해 줄 수 있니)?'라는 의미로 상대방에게 뭔가 부탁하거나 요청할 때 써요. '내가 ~하는 것 좀 도와줄래?'라고 하려면 Can you help me with ~?라고 해요. with 뒤에 상대방이 도와주었으면 하는 일을 쓰면 돼요. 좀 더 공손하게 요청하려면 문장 중간이나 뒤에 please를 붙여요.

패턴 2 소금 좀 건네주시겠습니까?

Could you ~?는 '~해 주시겠습니까(~해 주실래요)?'라는 뜻으로 Can you ~?보다 한층 격식을 차린 표현이에요. 위 표현과 마찬가지로 문장 중간이나 뒤에 please를 붙여서 'Could you please + 동사원형 ~?' 또는 'Could you + 동사원형, please?'라고 쓰면 더욱 더 공손하게 부탁하는 표현이 돼요.

🔑 **문장의 열쇠, 단어** 듣고 큰 소리로 따라 읽어 보세요. 🎧 Track 092

- **the dishes** 설거지할 그릇들
  (cf. dish 접시, 요리)
- **chair** 의자
- **problem** 문제
- **salt** 소금
- **look at** ~을 (자세히) 보다, 살피다
- **do ~ a favor** ~의 부탁을 들어주다
- **fasten** 매다, 고정시키다
- **seat belt** 안전벨트
- **close** 닫다
- **window** 창문

패턴 1

Can + you + help + me + with 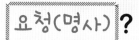 요청(명사) ?

너 (내가) _____ (하는 것) 도와줄 수 있니?

my homework
나의 숙제

🔐 **단어가 모여 문장** 듣고 빈칸을 채운 후 완성된 문장을 써보세요. 🔘 Track 093

• 너는 도와줄 수 있니? → Can you [　　　?　　]

• 너는 나를 도와줄 수 있니? → Can you help [　　?　]

• 너는 내 숙제로 나를 도와줄 수 있니? → Can you help me with [　　　?　]

 * 내가 숙제 하는 것 도와줄 수 있니? → Can you help me do my homework?

실수⚠주의
• *Can you to help me with my homework?* (X) 조동사 can 뒤에는 동사원형을 써요.
• *Can you help I with my homework?* (X) '나를' 도와 주는 것이므로, 동사 help 뒤에 대명사를 쓸 때는 목적격을 써야 해요.

Can you help me with my homework?

🔓 **문장 만들기 연습** 주어진 표현을 사용해 우리말에 맞는 영어 문장을 써보세요.

1 가방 (드는 것) 좀 도와줄래? | my bag |

 →

2 설거지 (하는 것) 좀 도와줄래? | the dishes |

 →

3 의자 (옮기는 것) 좀 도와줄 수 있어? | the chairs |

 →

4 저녁 (하는 것) 좀 도와줄래요? | dinner |

 →

5 이 문제 (푸는 것) 좀 도와줄래? | this problem |

 →

패턴 2

Could + you + please + [요청(동사원형)]?

_____ 좀 해 주시겠습니까?

pass me the salt
소금을 내게 건네주다

🔓 **단어가 모여 문장** 듣고 빈칸을 채운 후 완성된 문장을 써보세요. ⓞ Track 094

- 당신은 ~ 좀 해 주시겠습니까? ➔ [ ] [ ] please [~?]

- 당신은 ~을 좀 건네주시겠습니까? ➔ Could you please [ ] [~?]

- 당신은 제게 소금을 건네주시겠습니까? ➔ Could you please [?]

* 소금 좀 건네줄 수 있어? ➔ [ ] you [pass me the salt?]

실수⚠주의
- *Could I pass me the salt?* (X) 주어와 목적어가 같을 수 없어요. 내가 나에게 '소금을 건네주실 수 있는지' 물어보지는 않죠!
- *Could you pass the salt me?* (X) the salt와 me의 순서가 바뀌면 '소금에게 나를 건네주시겠습니까?'라는 어색한 의미가 돼요.

Could you please pass me the salt?

🔓 **문장 만들기 연습** 주어진 표현을 사용해 우리말에 맞는 영어 문장을 써보세요.

1 이것 좀 봐주시겠습니까? [look at this]
➔ _____

2 제 부탁 하나 들어주실래요? [do me a favor]
➔ _____

3 그것 좀 다시 말씀해 주시겠습니까? [say that again]
➔ _____

4 안전벨트를 매주시겠습니까? [fasten your seat belt]
➔ _____

5 창문 좀 닫아주실래요? [close the window]
➔ _____

나는 내일 한가할 거야.

조동사 will을 이용해 '~할 것이다'라는 미래나, '~을 하겠다'는 의지를 나타낼 수 있어요.

I'm going to have a party tomorrow.
나 내일 파티를 열려고 해.

나는 내일 한가할 거야.

너도 와서 함께 할래?

Sure, I will.
응, 그렇게.

🔒 **패턴 1** 나는 내일 한가할 거야.

조동사 will은 두 가지를 나타낼 수 있어요. 하나는 '~을 하겠다'는 의지이고, 또 하나는 단순히 미래에 어떤 일이 일어날 것이라는 의미의 '~할 것이다'이죠. I will 뒤에는 반드시 동사원형이 와야 해요. I will은 줄여서 I'll로 나타낼 수 있어요. 부정형인 will not은 won't로 줄여서 쓸 수 있어요.

🔒 **패턴 2** 너도 와서 함께 할래?

'Will you + 동사원형~?'은 '너는 ~을 할 것이니?[~해 줄 수 있니?]'라면서 부탁하거나, 그렇게 할 건지 상대방의 의지를 묻는 표현이에요. 좀 더 공손하게 표현하려면 please를 문장 중간이나 끝에 붙여요. 이때 대답은 Yes, I will. 또는 No, I won't.로 조동사 will을 이용해서 말해요.

🔑 **문장의 열쇠, 단어** 듣고 큰 소리로 따라 읽어 보세요. ⊙ Track 095

- **will** ~할 것이다
- **free** 한가한, 자유로운
- **tomorrow** 내일
- **won't** will not의 축약형

- **go to bed** 잠자리에 들다
- **early** 일찍
- **arrive** 도착하다
- **keep one's promise** ~의 약속을 지키다

- **do one's best** ~의 최선을 다하다
- **join** ~와 함께하다, 가입하다
- **club** 클럽, 동호회
- **lend** 빌려주다

주어 + will / won't + 예측/의지(동사원형).

_____은 _____할 것이다 / _____하지 않을 것이다.

be free tomorrow
내일 한가하다

🔓 **단어가 모여 문장** 듣고 빈칸을 채운 후 완성된 문장을 써보세요. 🔘 Track 096

● 나는 ~할 것이다 → | I | will |

● 나는 한가할 것이다. → | I | will | | | .

● 나는 내일 한가할 것이다. → | I | will | | .

＊ 나는 내일 한가하지 않을 것이다. → | I | | be free tomorrow.

실수⚠주의 ● *I will am free.* (X) 조동사 뒤에는 동사원형을 써야 하므로 be동사 am의 원형 be를 써야 해요.
● *I will be not free.* (X) 조동사가 있는 문장의 부정은 조동사 뒤에 바로 not을 써서 will not이라 하고, 줄여서 won't로 쓰기도 해요.

I will be free tomorrow.

🔓 **문장 만들기 연습** 주어진 표현을 사용해 우리말에 맞는 영어 문장을 써보세요.

1 나는 일찍 잘 거예요. go to bed early
→ _____

2 그들은 곧 도착할 거야. arrive soon
→ _____

3 그는 약속을 지킬 거예요. keep his promise
→ _____

4 우리는 최선을 다할 거예요. do our best
→ _____

5 그녀는 우리에게 거짓말을 하지 않을 거야. lie to us
→ _____

패턴 2 Will + you + 의지/부탁(동사원형)?

너는 _____할 거니?

come and join us
와서 우리와 함께 하다

🔑 단어가 모여 문장 듣고 빈칸을 채운 후 완성된 문장을 써보세요. ⊙ Track 097

- 너는 ~할 것이다 → You /

- 너는 올 거니? → / you / ?

- 너는 와서 우리와 함께 할 거니? → Will / you / ?

실수⚠주의 • *Do you will come and join us?* (X) 조동사 will이 있는 문장의 의문문은 조동사를 주어 앞으로 보내 만들어요.

Will you come and join us?

🔓 문장 만들기 연습 주어진 표현을 사용해 우리말에 맞는 영어 문장을 써보세요.

1 너 우리랑 같이 갈 거야? come with us

→ _____

2 우리 클럽에 가입할래요? join our club

→ _____

3 너 오늘 밤 집에 있을 거니? be home tonight

→ _____

4 네 자전거 좀 빌려줄래? lend me your bike

→ _____

5 그 책 읽을 거야? read the book

→ _____

저는 잠들지도 몰라요.

조동사 may를 이용하여 '~할지도 모른다'는 추측과 '~해도 될까요?'라고
상대방의 허락을 구하는 표현을 할 수 있어요.

> 저는 잠들지도
> 몰라요.

> **Yes, you may.**
> 네, 그러세요.

> 저 지금 나가봐도 될까요?

🔒 패턴1 저는 잠들지도 몰라요.

조동사 may는 '~할지도 모른다'는 추측과 '~해도 된다'는 허가의 의미로 주로 쓰여요. 조동사는 주어에 따라 모양이 바뀌지
않고, 뒤에 반드시 동사원형을 써야 해요. 날씨를 나타내는 주어는 it을 써서 It may로 시작해요. may의 부정 '~안 할지도
모른다'는 뒤에 not을 써서 'may not + 동사원형'으로 나타내요.

🔒 패턴2 저 지금 나가봐도 될까요?

의문문 형태인 'May + I + 동사원형 ~?'은 '제가 ~해도 될까요?'라는 뜻으로 허락을 구할 때 쓰는 표현이에요. Can I ~?와
같은 의미지만, May I ~?가 좀 더 공손한 표현이에요. 이 때 대답은 Yes, you may / can. 또는 No, you may not / can't.
로 할 수 있어요.

 **문장의 열쇠, 단어** 듣고 큰 소리로 따라 읽어 보세요. 🔘 Track 098

- **may** ~할지도 모른다, ~해도 된다
- **fall asleep** 잠들다
- **win** 이기다
- **on Friday** 금요일에
- **turn on the light** 전등을 켜다
- **open** 열다
- **door** 문
- **pen** 펜
- **look around** 둘러보다
- **change** 바꾸다

주어 + may (not) + 추측(동사) .

_____은 (안) _____할지도 모른다.

fall asleep
잠이 들다

단어가 모여 문장 듣고 빈칸을 채운 후 완성된 문장을 써보세요. Track 099

- 나는 ~할지도 모른다 → I [____]

- 나는 잠이 들지도 모른다. → I **may** [_____.]

- * 그녀는 잠이 들지도 모른다. → [____] **may** fall asleep.

- * 나는 잠이 안 들지도 모른다. → I [____] [____] fall asleep.

실수⚠주의 • *She may falls asleep.* (X) 조동사 may 뒤에는 항상 동사원형을 써야 해요.

I may fall asleep.

문장 만들기 연습 주어진 표현을 사용해 우리말에 맞는 영어 문장을 써보세요.

1 네가 틀릴지도 몰라. [be wrong]

→ _____

2 우리가 이번에 이길지도 몰라. [win this time]

→ _____

3 금요일에 비가 올지도 몰라요. (It~) [rain on Friday]

→ _____

4 그들이 대화를 원치 않을 수도 있어. [want to talk]

→ _____

5 Mary가 그렇게 생각 안 할 수도 있어. [think so]

→ _____

패턴 2

May + I + 허락(동사)?

제가 _____해도 될까요?

leave now
지금 떠나다

단어가 모여 문장 듣고 빈칸을 채운 후 완성된 문장을 써보세요. ● Track 100

● 제가 ~해도 될까요? → [　　　] [I] [~?]

● 제가 지금 떠나도[나가도] 될까요? → [May] [I] [　　　　　?]

= [Can] [I] [leave now?]

* 그는 지금 떠날지도 모른다. (추측) → [He] [　　] [　　　　.]

실수⚠주의 ● *Do we may leave now?* (X) 조동사 may가 있는 문장의 의문문은 반드시 조동사를 주어 앞에 두어 'May + 주어 ~?'라고 해야 해요.

May I leave now?

문장 만들기 연습 주어진 표현을 사용해 우리말에 맞는 영어 문장을 써보세요.

1 불을 켜도 될까요? [turn on the light]

→ _____

2 문을 열어도 되겠습니까? [open the door]

→ _____

3 제가 펜을 빌려도 될까요? [borrow your pen]

→ _____

4 제가 좀 둘러봐도 될까요? [look around]

→ _____

5 제 자리를 바꿔도 되겠습니까? [change my seat]

→ _____

난 지금 이것을 끝내야 해.

'~을 해야 한다'라는 필요나 의무를 표현하고 싶을 때는 have to를 이용할 수 있어요.

> **What makes you so busy, Mom?**
> 엄마, 왜 그리 바쁘세요?

> 난 지금 이것을 끝내야 해.

> 그는 지금 바로 떠나야 해.

패턴 1 나는 지금 이것을 끝내야 해.

동사 have는 일반동사와 조동사, 두 가지로 쓰여요. 일반동사일 때는 '을 가지고 있다, ~을 먹다'라는 뜻으로, 'I have + 명사.' 의 형태로 써요. 조동사로 쓰일 때는 'I have to + 동사원형.'을 써서 '해야만 한다'라는 필요를 나타내요. 조동사 must와 같은 의미지만 실제 말할 때는 have to를 더 많이 쓰는 편이에요.

패턴 2 그는 지금 바로 떠나야 해.

주어가 he, she, it과 같은 3인칭 단수일 때는 have to 대신에 has to를 써요. 그 외의 주어 I, you, we, they는 have to 와 함께 쓰죠. have/has to는 나 아닌 다른 사람 혹은 어떤 상황 때문에 '~해야 한다'는 의미이고, need to는 나 자신에 의한 결정으로 '~해야 한다'라고 할 때 씁니다.

🔑 **문장의 열쇠, 단어** 듣고 큰 소리로 따라 읽어 보세요. 🔘 Track 101

- **have to** ~해야 한다
- **finish** 마치다, 끝내다
- **relax** 휴식을 취하다, 긴장을 풀다
- **transfer** 갈아타다, 전학 가다, 장소를 옮기다
- **right now** 바로 지금
- **choose** 고르다, 선택하다
- **quit** 그만두다

주어 + have to + 필요/의무(동사원형).

_____은 _____을 해야만 한다.

finish this now
지금 이것을 끝내다

🔑 단어가 모여 문장 | 듣고 빈칸을 채운 후 완성된 문장을 써보세요. ⊙ Track 102

- 나는 ~을 해야만 한다 → I _____ _____

- 나는 지금 이것을 끝내야만 한다. → I have to _____ .

  * 나는 이것을 곧 끝낼 수 있다. → I _____ _____ this soon.

  * 나는 이것을 곧 끝낼 것이다. → I _____ _____ this soon.

  * 나는 이것을 곧 끝내고 싶다. → I _____ _____ finish this soon.

실수⚠주의 • *I have finish this now.* (**X**) 한 문장에 2개의 동사를 동시에 쓸 수 없어요. 조동사인 have to로 바꿔야 해요.

I have to finish this now.

🔓 문장 만들기 연습 | 주어진 표현을 사용해 우리말에 맞는 영어 문장을 써보세요.

1 나는 최선을 다해야 해. [do my best]
→ _____

2 당신은 쉬어야 합니다. [relax]
→ _____

3 우리는 여기서 갈아타야 해. [transfer here]
→ _____

4 너는 어머니께 말씀 드려야 해. [talk to your mother]
→ _____

5 우리는 시간을 바꿔야 합니다. [change the time]
→ _____

패턴 2 주어 + has to + 필요/의무(동사원형).

_____은 _____을 해야만 한다.

leave right now
지금 바로 떠나다

🔑 **단어가 모여 문장** 듣고 빈칸을 채운 후 완성된 문장을 써보세요. 🔘 Track 103

• 그는 ~해야만 한다 ➡️ He | _____ _____

• 그는 바로 떠나야 한다. ➡️ He | has to | _____ .

* 그는 지금 떠날 예정이다. ➡️ He | is _____ to | leave now.

* 그는 지금 바로 떠나고 싶어 한다. ➡️ He | _____ to | leave right now.

* 그는 지금 바로 떠날지도 모른다. ➡️ He | _____ right now.

실수⚠️주의 • *He has to leaves right now.* (X) have to나 has to 뒤에는 동사원형만 올 수 있어요.

He has to leave right now.

🔓 **문장 만들기 연습** 주어진 표현을 사용해 우리말에 맞는 영어 문장을 써보세요.

1 그녀는 여권을 가지고 있어야 해요. have her passport
➡️ _____

2 (시간이) 오늘이어야 해. (It~) be today
➡️ _____

3 그는 선택을 해야 합니다. choose
➡️ _____

4 그녀는 그만둬야 해요. quit
➡️ _____

5 그것은 내일 여기 도착해야 해요. arrive here tomorrow
➡️ _____

나는 일찍 일어날 필요가 없어.

조동사 have to를 이용하여 '~할 필요가 없다, ~안 해도 된다'처럼 할 필요가 없는 일에 대해 말해볼 수 있어요.

나는 일찍 일어날 필요가 없어.

Does your mom know about this?
네 엄마도 이걸 아서?

No! 엄마는 이것에 관해 아실 필요가 없어.

 패턴 1 나는 일찍 일어날 필요가 없어.

I have to ~.의 부정은 'I don't have to +동사원형.'으로 써요. '내가 ~할 필요가 없다, ~하지 않아도 된다'는 뜻으로, 불필요함을 나타낼 수 있어요. do not을 줄여 don't라고 해도 돼요. have to는 조동사 must와 같은 의미로 쓰이지만, 부정형인 must not은 '~할 필요가 없다'는 뜻이 아니라 '~해서는 안 된다'는 금지를 나타내므로 주의해야 해요. have to의 과거형은 had to, 이 과거형의 부정은 didn't have to로 써요.

패턴 2 그녀는 이것에 관해 알 필요가 없어.

She has to ~.의 부정은 'She doesn't have to +동사원형.'으로 써요. 이렇게 주어가 he, she, it과 같은 3인칭 단수일 때는 doesn't를 써서 부정문을 만들어요. '~할 필요가 없다, ~안 해도 된다'는 의미예요.

🔑 **문장의 열쇠, 단어** 듣고 큰 소리로 따라 읽어 보세요. 🎧 Track 104

- **don't/doesn't have to** ~할 필요가 없다
- **get up** 일어나다
- **shout** 소리치다
- **hurry** 서두르다
- **fancy** 색이 화려한, 고급의
- **any longer** 더 이상, 이제는

주어 + don't + have to + 불필요(동사원형) .

_____은 _____할 필요가 없다.

get up early
일찍 일어나다

단어가 모여 문장 듣고 빈칸을 채운 후 완성된 문장을 써보세요. ⊙ Track 105

- 나는 ~할 필요가 없다 → I [(=do not)] [_____ _____]

- 나는 일찍 일어날 필요가 없다. → I don't have to [.]

- * 나는 일찍 일어나야 한다. (필요) → I [ ] to get up early.

- * 나는 일찍 일어날 수가 없다. (능력) → I [ ] get up early.

- * 나는 일찍 일어나지 않는다. → I [ ] get up early.

실수⚠주의 • *I don't have get up early.* (X) have와 get up 사이에 to를 넣어 have to get up이라고 해야 해요.
• *I have not to get up early.* (X) have to의 부정은 don't 또는 doesn't를 이용해요.

I don't have to get up early.

문장 만들기 연습 주어진 표현을 사용해 우리말에 맞는 영어 문장을 써보세요.

1 당신은 여기에 있을 필요가 없어요. [stay here]
→

2 당신은 소리칠 필요가 없어요. [shout]
→

3 그들은 서두를 필요가 없다. [hurry]
→

4 우리는 걱정할 필요가 없어요. [worry]
→

5 넌 그렇게 말할 필요가 없어. [say that]
→

패턴 2 주어 + doesn't + have to + 불필요(동사원형).

_____은 _____ 할 필요가 없다.

know about this
이것에 관해 알다

🔑 **단어가 모여 문장** 듣고 빈칸을 채운 후 완성된 문장을 써보세요. ⊙ Track 106

- 그녀는 ~할 필요가 없다 → She [_____] (= does not) [_____ _____]

- 그녀는 이것에 관해 알 필요가 없다. → She doesn't have to [_____].

  * 그녀는 이것에 관해 알아야 한다. (필요) → She [_____] to [_____] about this.

  * 그녀는 이것에 관해 알 수가 없다. (능력) → She [_____] [_____] about this.

  * 그녀는 이것에 관해 모른다. → She [_____] [_____] about this.

실수⚠주의 • She don't have to know about this. (X) 주어가 3인칭 단수일 때는 doesn't를 써야 해요.

She doesn't have to know about this.

🔓 **문장 만들기 연습** 주어진 표현을 사용해 우리말에 맞는 영어 문장을 써보세요.

1 그녀는 그 책을 읽을 필요가 없어요. read the book

→ _____

2 그녀는 너와 같이 갈 필요가 없다. go with you

→ _____

3 그것은 화려할 필요가 없어. be fancy

→ _____

4 그는 지하철을 바꿔 탈 필요가 없어. change subways

→ _____

5 그는 더 이상 기다릴 필요가 없어요. wait any longer

→ _____

제가 영어로 써야 해요?

꼭 해야 하는 일인지 상대방에게 물어볼 때는 조동사 have to를 이용해 보세요.

Yes, you do.
그래.

제가 영어로
써야 해요?

얘가 제 시험지를
채점해야 해요?

 패턴 1 제가 영어로 써야 해요?

Do you have ~?는 '너는 ~을 가지고 있니?'라고 소유에 관해 묻는 표현이에요. 하지만 'Do I / you have to + 동사원형 ~?'
은 '내가 / 네가 ~해야만 해?'라고 필요나 의무를 묻는 표현이랍니다. 대답은 Yes, you do. 또는 No, you don't.라고 해요.

 패턴 2 그녀가 제 시험지를 채점해야 해요?

주어가 he, she, it과 같은 3인칭 단수일 때는 do 대신에 does로 의문문을 만들어요. 'Does + he/she/it + have to +
동사원형 ~?'을 써서 '그가 / 그녀가 / 그것이 ~해야만 해요?'라고 물어볼 수 있어요.

🔑 문장의 열쇠, 단어 듣고 큰 소리로 따라 읽어 보세요. ⊙ Track 107

• **in English** 영어로
• **over again** 처음부터 다시
• **stand** 서 있다

• **cruel** 잔인한
• **pick ~ up** ~을 차에 태우러 가다
• **take care of** ~을 돌보다

• **baby** 아기
• **install** 설치하다
• **program** 프로그램

Do + 주어 + have to + 필요/의무(동사원형)?

_____가 _____ 해야 하나요?

write in English
영어로 쓰다

🔒 단어가 모여 문장 듣고 빈칸을 채운 후 완성된 문장을 써보세요. ⓞ Track 108

● 제가 ~해야 하나요? → [　] I [_____] ~?

● 제가 영어로 써야 하나요? → Do I have to [_____?]

＊ 제가 영어로 써도 될까요? → [　] I [_____ in English?]

＊ 당신은 영어로 쓸 거예요? → [　] you [_____ in English?]

실수⚠주의
● _Am I have to write in English?_ (X) have to의 의문문에는 do를 사용해요.
● _Have I to write in English?_ (X) have가 조동사로 쓰였지만 의문문은 Do I have to ~?라고 써요.

Do I have to write in English?

🔓 문장 만들기 연습 주어진 표현을 사용해 우리말에 맞는 영어 문장을 써보세요.

1 제가 그것을 다시 해야 해요? [do it over again]
→

2 우리가 여기 서 있어야 해? [stand here]
→

3 너는 그렇게 잔인하게 굴어야 해? [be so cruel]
→

4 당신은 여기에 있어야 하나요? [be here]
→

5 그들이 우리와 함께 지내야 하나요? [stay with us]
→

Does + 주어 + have to + 필요/의무(동사원형) ?

_____가 _____ 해야 하나요?

grade one's test
시험지를 채점하다

🔑 **단어가 모여 문장** 듣고 빈칸을 채운 후 완성된 문장을 써보세요. 🎧 Track 109

- 그녀가 ~ 해야 하나요? ➡ [　　] she [_____ _____] ~?

- 그녀가 제 시험지를 채점해야 하나요? ➡ Does she have to [　　　　]?

* 그녀가 제 시험지를 채점하나요? ➡ [　　] she [　　　　]?

* 그가 제 시험지를 채점해야 했나요? ➡ Did he [_____ _____] [　　　　]?

실수⚠주의
- *Does she has to grade my test?* (X) 'Does + 주어 + 동사원형 ~?'으로 써야 해요.
- *Has she to grade my test?* (X) have to는 의문문을 만들 때 do/does의 도움을 받아야 해요.

Does she have to grade my test?

🔓 **문장 만들기 연습** 주어진 표현을 사용해 우리말에 맞는 영어 문장을 써보세요.

1 그녀는 여기서 기다려야 합니까? [wait here]
➡

2 Mary가 당신을 차로 데리러 가야 해요? [pick you up]
➡

3 그것은 영어로 되어 있어야 해요? [be in English]
➡

4 그녀가 아기를 돌봐야 하니? [take care of the baby]
➡

5 Tom이 프로그램을 설치해야 해요? [install the program]
➡

너는 다른 이들에게 친절해야 해.

조동사 should를 이용해 '~해야 한다, ~하는 편이 좋겠다'는 의무를 나타내거나 추천, 조언을 할 수 있어요.

너는 다른 사람들을 험담해서는 안 돼.

너는 다른 이들에게 친절하면 좋겠다.

🔒 **패턴 1** 너는 다른 이들에게 친절하면 좋겠다(친절해야 해).

조동사 should는 '~해야 한다'라는 뜻이지만 have to나 must와 달리 강제적이거나 의무적이지 않아요. 어떤 일이 가장 좋거나 옳은 일임을 나타내거나, 가벼운 조언이나 추천을 할 때 씁니다. 우리말로는 '~해야 한다, ~하는 게 좋겠다'라는 의미로 해석하면 돼요. should 뒤에는 항상 동사원형을 써야 해요.

🔒 **패턴 2** 너는 다른 사람들을 험담해서는 안 돼.

조동사 should의 부정은 should 뒤에 not을 써서, should not 또는 줄여서 shouldn't라고 써요. '주어 + shouldn't + 동사원형 ~.'은 남의 행동에 대해서 '~하면 안 되다, ~하지 않는 게 좋겠다'라는 조언의 의미를 나타내요. 물론 must not(절대 ~해서는 안 된다)보다 강제적이지는 않아요.

🗝️ **문장의 열쇠, 단어** 듣고 큰 소리로 따라 읽어 보세요. 🎧 Track 110

- **should** ~해야 한다
- **kind** 친절한
- **other** 다른 사람[것]; 다른
- **see a doctor** 의사의 진찰을 받다, 병원에 가다
- **vegetable** 채소
- **learn** 배우다
- **how to swim** 수영하는 법
- **set** (시계나 기기 등을) 맞추다
- **speak ill of others** 남들의 험담을 하다
- **talk that way** 그런 식으로 말하다
- **loudly** 크게, 시끄럽게
- **skip school** 학교 수업을 빼먹다

패턴 1 주어 + should + [추천(동사원형)] .

_____은 _____하면 좋겠다[_____해야 한다].

be kind to others
다른 이들에게 친절하다

🔑 단어가 모여 문장

듣고 빈칸을 채운 후 완성된 문장을 써보세요. 🔘 Track 111

- 너는 ~하면 좋겠다 → You [ ]

- 너는 친절하면 좋겠다. → You should [_____ _____.]

- 너는 다른 이들에게 친절하면 좋겠다. → You should [be kind _____ _____.]

- *너는 다른 이들에게 친절하다. → You [_____ kind to others.]

- *너는 다른 이들에게 친절해야만 한다. → You [_____ _____] be kind to others.

실수⚠주의 • *You should are kind to others.* (X) 조동사 뒤에는 항상 동사원형을 써야 하므로 are의 원형 be를 써요.
• *He shoulds be kind to others.* (X) 조동사 should는 주어와 상관 없이 항상 모양이 같아요.

You should be kind to others.

🔓 문장 만들기 연습

주어진 표현을 사용해 우리말에 맞는 영어 문장을 써보세요.

1 우리는 다시 시작해야겠어. [start again]
→

2 그는 의사에게 진찰을 받아 보는 게 좋겠어. [see a doctor]
→

3 그녀는 야채를 더 많이 먹어야겠어. [eat more vegetables]
→

4 나는 수영하는 법을 배워야겠어요. [learn how to swim]
→

5 너는 알람을 맞춰두는 게 좋겠어. [set the alarm]
→

패턴 2 You + shouldn't + 추천(동사원형).

너는 _____하지 않으면 좋겠다[_____하면 안 된다].

speak ill of others
다른 이들의 험담을 하다

단어가 모여 문장 듣고 빈칸을 채운 후 완성된 문장을 써보세요. ● Track 112

- 너는 ~하지 않으면 좋겠다 → You [_____ (=should not)]

- 너는 말하지 않으면 좋겠다 → You [shouldn't] [_____]

- 너는 다른 이들의 험담을 하지 않으면 좋겠다. → You [shouldn't] [_____ .]

- * 너는 다른 이들의 험담을 하지 않는다. → You [_____] [speak ill of others.]

실수⚠주의 • *You should speak not ill of others.* (X) 조동사 should를 부정할 때는 바로 뒤에 not을 써요.
• *You shouldn't speaking ill of others.* (X) 조동사 should 뒤에는 동사원형을 써야 해요.

You shouldn't speak ill of others.

문장 만들기 연습 주어진 표현을 사용해 우리말에 맞는 영어 문장을 써보세요.

1 네가 그런 식으로 말하면 안 되지. [talk that way]
→ _____

2 네가 포기하지 않으면 좋겠어. [give up]
→ _____

3 너는 큰소리로 얘기하면 안 돼. [talk loudly]
→ _____

4 너는 지금 혼자 있지 않으면 좋겠어. [be alone right now]
→ _____

5 넌 학교를 빼먹지 말아야 한다. [skip school]
→ _____

난 이것을 먼저 해야겠어.

조동사 should로 '~해야 한다'는 의무를 나타낼 수 있어요.
또, 어떤 일에 대해 상대방의 조언을 구할 때는 의문사 what을 이용해요.

난 이것을 먼저 해야겠어.

난 할로윈에 무엇이 되면 좋을까?

패턴 1 난 이것을 먼저 해야겠어.

앞서 배운 I think(나는 생각한다) 뒤에 I should를 붙이면 '나는 ~해야 한다고 생각한다[~해야겠다]'라는 의미가 돼요. 자신의 해야 할 일, 책임이나 의무를 좀 더 부드럽게 나타내는 표현이에요. 이때 I think를 생략해도 완전한 문장이 돼요.

패턴 2 난 할로윈에 무엇이 되면 좋을까?

조동사 should로 의문문을 만들 때는 조동사를 주어 앞에 보내서 'Should + I / we + 동사원형~?'으로 써요. '나는 / 우리는 ~해야 하나요?'라고 상대방의 의견을 묻는 표현이에요. 무엇을 해야 할지 물어볼 때는 의문사 what(무엇을)을 문장 맨 앞에 써서 'What should I / we + 동사원형~?' 순서로 써요.

🔑 **문장의 열쇠, 단어** 듣고 큰 소리로 따라 읽어 보세요. 🔘 Track 113

- **get more sleep** 잠을 더 자다
- **give it a try** 시도해보다, 한번 해보다
- **book** 예약하다
- **ticket** 표, 티켓, 입장권
- **wear** (옷 등을) 입고 있다
- **ask for** 요청[요구]하다
- **gym** 헬스클럽, 체육관

I + think + I + should + 의무/책임(동사원형).

난 _____해야겠다(_____해야 한다고 생각한다).

do this first
이것을 먼저 하다

단어가 모여 문장 듣고 빈칸을 채운 후 완성된 문장을 써보세요. ⊙ Track 114

- 난 ~라고 생각한다 → | I | [　　] |

- 난 ~해야겠다고 생각한다 → | I | think | [　　] | [　　] |

- 난 이것을 먼저 해야겠다. → | I | think | I | should | [　　　　　] . |

- * 난 이것을 먼저 하지 말아야겠다. → | I | think | I | [　　] | do this first. |

실수⚠주의 • I think I should doing this first. (X) 조동사 should 뒤에는 동사원형을 써야 해요.

I think I should do this first.

문장 만들기 연습 주어진 표현을 사용해 우리말에 맞는 영어 문장을 써보세요.

1 나는 좀 더 자야겠어. get more sleep
→

2 난 그녀에게 전화를 해야겠어요. call her
→

3 난 한번 시도는 해봐야 한다고 생각해요. give it a try
→

4 I 나는 뭔가 말해야 할 것 같다. say something
→

5 전 오늘 표를 예약해야 할 것 같아요. book tickets today
→

What + should + I/we + 조언/충고(동사원형) ?

난/우리는 무엇을 _____ 해야 할까?

be for Halloween
할로윈을 위해 ~이 되다

🔑 **단어가 모여 문장** 듣고 빈칸을 채운 후 완성된 문장을 써보세요. ⊙ Track 115

• 난 ~ 해야 할까? → [   ] I [~?]

• 난 무엇이 되어야 할까? → [   ] should I [?]

• 난 할로윈을 위해 무엇이 되어야 할까? → What should I [?]

실수⚠주의 • *What should I to be for Halloween?* (X) 조동사 should 뒤에는 동사원형을 써야 하므로 should I 다음의 to를 빼야 해요.

What should I be for Halloween?

🔓 **문장 만들기 연습** 주어진 표현을 사용해 우리말에 맞는 영어 문장을 써보세요.

1 저 오늘 무엇을 입어야 할까요? [wear today]

→ _____

2 전 무엇을 해 달라고 요구해야 할까요? [ask for]

→ _____

3 우리는 부모님께 뭐라고 말씀드려야 할까요? [tell our parents]

→ _____

4 우리는 오늘 점심으로 뭘 먹어야 하지? [have for lunch today]

→ _____

5 저는 헬스클럽에 무엇을 가져가야 해요? [take to the gym]

→ _____

Chapter 4
의문사

의문사로 여러 가지를
물어볼 뿐 아니라 제안하고,
감탄하는 문장도 만들 수 있어요.

Unit 39 설명 요청하기 /
제안·권유하기 what

패턴 1 What is ~ like?
패턴 2 What about ~?

Unit 40 시간 묻기 what

패턴 1 What time is ~?
패턴 2 What time do you ~?

Unit 41 축하·칭찬하기 /
감정 표현하기 what

패턴 1 What a/an ~(형용사+명사)!
패턴 2 What a/an ~(명사)!

Unit 42 누구인지,
누가 원하는지 묻기 who

패턴 1 Who is/are your ~?
패턴 2 Who wants ~?

Unit 43 누가 할 수 있는지,
누가 할지 묻기 who

패턴 1 Who can ~?
패턴 2 Who is going to ~?

Unit 44 언제인지 묻기 when

패턴 1 When is ~?
패턴 2 When did you ~?

Unit 45 위치 묻기 /
어디서 할 수 있는지 묻기 where

패턴 1 Where is/are ~?
패턴 2 Where can I ~?

Unit 46 어디서 하는지,
어디서 했는지 묻기 where

패턴 1 Where do you ~?
패턴 2 Where did you ~?

Unit 47 방법·의견 묻기 how

패턴 1 How do you like ~?
패턴 2 How was your ~?

Unit 48 수·양 등 묻기 how

패턴 1 How many ~?
패턴 2 How much/far/old/tall/long
is/are ~?

Unit 49 빈도 묻기 /
얼마나 걸리는지 묻기 how

패턴 1 How often do/does 주어 ~?
패턴 2 How long does/did it take ~?

Unit 50 이유 묻기 / 제안하기 why

패턴 1 Why do/did you ~?
패턴 2 Why don't you/we ~?

오늘 날씨는 어때요?

의문사 what을 이용하여 어떤 상황에 관해 묻거나 상대방의 의견을 물어볼 수 있어요.

오늘 날씨는 어때요?

It's raining.
비가 오고 있어.

내일 떠나는 건 어때?

🔒 **패턴 1** 오늘 날씨는 어때요?

의문사 what은 '무엇'을 물어보는 의문문에 써요. 'What is + 주어?'는 '~은 무엇이니?'라는 뜻이에요. 전치사 like와 함께 'What is 주어 + like?'로 쓰면 어떤 상황인지 묻는 표현이 되죠. 이 때 주어가 복수형이면 is 대신 are를 써야 해요. What is를 줄여 What's라고도 쓸 수 있어요. 과거에 대해 물을 때는 is 대신에 was를 써요.

🔒 **패턴 2** 내일 떠나는 건 어때?

What about ~?은 '~은 어때?'라고 상대방의 의견을 묻거나, 상대방의 의견에 대해 추가적인 제안을 할 때 쓰는 표현이에요. How about~?도 비슷한 구조이지만 How about~?은 주로 자신의 의견을 처음 제안할 때 써요. 제안을 하는 상황에서는 보통 두 표현을 구분하지 않고 쓴답니다. about은 전치사이므로 그 뒤에 명사나 명사형만 올 수 있어요.

🗝️ **문장의 열쇠, 단어** 듣고 큰 소리로 따라 읽어 보세요. 🔘 Track 116

- **weather** 날씨
- **like** ~와 비슷한
- **life** 삶, 인생
- **What about ~?** ~은 어때요?
- **leaving** 떠나기(leave의 동명사형)
- **meeting** 만나기(meet의 동명사형)
- **kid** 아이

패턴 1 What + is + 주어(명사) + like?

_____은 어때?

the weather / today
오늘 날씨

🔒 단어가 모여 문장 듣고 빈칸을 채운 후 완성된 문장을 써보세요. ⊙ Track 117

• ~은 무엇이니? → What | is | ~?

• 날씨는 무엇이니? → What | is | ?

• 날씨는 어때? → What | is | the weather | ?

• 오늘 날씨는 어때? → What | is | the weather | like | ?

= How's | the weather today?

실수⚠주의 • How is the weather like? (X) how는 what like의 의미를 지니고 있어서 like를 또 쓸 필요가 없어요.

What is the weather like today?

🔓 문장 만들기 연습 주어진 표현을 사용해 우리말에 맞는 영어 문장을 써보세요.

1 네 어머니는 어떤 분이시니? your mother
→ _____

2 네 제일 친한 친구는 어떤 사람이야? your best friend
→ _____

3 한국 지하철은 어때? the subway / in Korea
→ _____

4 중국에서의 생활은 어때? life / in China
→ _____

5 당신의 여기 학교 생활은 어때요? your school / here
→ _____

패턴 2   # What + about + 제안(명사/명사형)?

_____은 어때[어떻게 되니]?

┌─────────────────────┐
│ **leaving tomorrow** │
│ 내일 떠나기 │
└─────────────────────┘

🔓 **단어가 모여 문장**   듣고 빈칸을 채운 후 완성된 문장을 써보세요. 🔘 Track **118**

- ~은 어때?   →   **What**   **about**   ~?

- 내일 떠나는 건 어때? → **What**   **about**   ?

    =   **How**   **about**   leaving tomorrow?

- * 내일은 어때?   →   **What**   **about**   ?
  (내일은 어떻게 되니?)

실수⚠️주의   • _What about leave tomorrow?_ (X) 전치사 about 뒤에는 명사형이 와야 하므로 동사 leave의 명사형 leaving으로 고쳐야 해요.

        • _What about tomorrow leaving?_ (X) 우리말과 달리 영어에서는 시간을 나타내는 부사 tomorrow를 동사 역할을 하는 leaving 뒤에 써야 해요.

What about leaving tomorrow?

🔓 **문장 만들기 연습**   주어진 표현을 사용해 우리말에 맞는 영어 문장을 써보세요.

1   당신은 어때요? you

   →

2   5시에 만나는 건 어때? meeting at five

   →

3   이 상자는 어때[어떻게 해]? this box

   →

4   저 아이들은 어떻게 해요? the kids

   →

5   내일 우리 시험은 어떻게 되나요? our exam tomorrow

   →

너 1교시 수업이 몇 시야?

정확한 시각을 물을 때도 의문사 what을 이용할 수 있어요.

너 1교시 수업이 몇 시야?

Really? It's too early for me to get up.
정말? 내겐 일어나기에 너무 이른데.

At eight.
8시.

넌 보통 몇 시에 일어나니?

🔒 패턴 1 너 1교시 수업이 몇 시야?

의문사 what과 time을 함께 쓰면 '몇 시?'라는 뜻이 돼요. 그래서 몇 시냐고 물을 때 What time is it?이라고 하지요. 여기서 시간을 나타내는 비인칭주어 it 대신에 알고 싶은 내용을 넣으면 시간뿐 아니라 어떤 일이나 행사 등을 몇 시에 하는지도 물어볼 수 있어요. 'What time is + 주어?'의 구조로 '~는 몇 시니?'라고 묻는 표현이 되죠. 주어가 classes(수업들)처럼 복수면 단수동사 is 대신에 are를 써야 해요.

🔒 패턴 2 넌 보통 몇 시에 일어나니?

이 경우에도 What time 뒤에 일반적인 의문문, 즉 'do you + 동사원형?'을 함께 써서 'What time do you + 동사원형?'으로 물어보면 돼요. 우리말로는 '너'라는 말을 자주 생략하지만 영어로 말할 때는 주어를 꼭 써야 해요. 주어가 he, she와 같은 3인칭 단수일 때는 'What time does he/she + 동사원형?'으로 쓰세요. 또 과거에 관해 질문할 때는 'What time did you + 동사원형?'이라고 해요.

🔑 문장의 열쇠, 단어 듣고 큰 소리로 따라 읽어 보세요. Track 119

- **what time** 몇 시
- **sunset** 일몰, 해넘이, 해질녘
- **soccer match** 축구 경기
  (cf. soccer 축구 / match 경기)
- **visiting hours** 면회 시간
- **get home** 집에 오다

패턴 1

What time + is + 주어(명사)?

_____은 몇 시니?

your first class
1교시 수업

🔒 단어가 모여 문장 듣고 빈칸을 채운 후 완성된 문장을 써보세요. **⊙** Track 120

• ~은 몇 시니? → **What time** ⬚ ~?

• 너의 1교시 수업은 몇 시니? → **What time** **is** _____?

* 지금 몇 시니? → **What time** **is** **it** **now?**

* 너 수업들이 몇 시에 있니? → **What time** ⬚ **your** classes?

실수⚠주의 • *What is the time?* (▲) '시간은 무엇이니?'라는 의미예요.
• *What time are your first class?* (X) 주어 your first class가 단수이므로 단수형인 is를 써야 해요.

What time is your first class?

🔓 문장 만들기 연습 주어진 표현을 사용해 우리말에 맞는 영어 문장을 써보세요.

1 오늘 일몰이 몇 시입니까? [the sunset today]
→

2 너 내일 몇 시 비행기 타니? [your flight tomorrow]
→

3 오늘 축구 경기가 몇 시죠? [the soccer match today]
→

4 면회 시간이 몇 시입니까? [visiting hours]
→

5 뉴욕은 몇 시일까? [it in New York]
→

패턴 2

What time + do + you + 동작(동사원형)?

(너는) 몇 시에 _____하니?

usually get up
보통 일어나다

단어가 모여 문장 듣고 빈칸을 채운 후 완성된 문장을 써보세요. ⊙ Track 121

- 너는 몇 시에 ~하니? → | What time | do | you | ~? |
- 너는 몇 시에 일어나니? → | What time | do | you | get up? |
- 너는 보통 몇 시에 일어나니? → | What time | do | you | _____ get up? |
- * 그녀는 몇 시에 일어나니? → | What time | | she | get up? |
- * 너는 몇 시에 일어났니? → | What time | | you | get up? |

실수⚠주의 • What time are you get up? (X) get up이 일반동사이고, 의문문이므로 are 대신 do를 써야 해요.

What time do you usually get up?

문장 만들기 연습 주어진 표현을 사용해 우리말에 맞는 영어 문장을 써보세요.

1 보통 몇 시에 잠자리에 드니? usually go to bed
→

2 몇 시에 집을 나서니? leave home
→

3 오늘 몇 시에 문 닫으세요? close today
→

4 몇 시에 집에 돌아오니? get home
→

5 몇 시에 저녁을 드세요? eat dinner
→

정말 아름다운 집이야!

what을 이용하여 칭찬 또는 축하를 하거나, 슬픔이나 놀라움 같은 감정을 표현할 수도 있어요.

🔒 패턴 1 정말 아름다운 집이야!

감탄문이란 기쁨, 슬픔, 놀라움 등의 강한 감정을 표현하는 문장을 말해요. 의문사 what과 how는 감탄할 때 '정말, 참으로'란 뜻을 나타내죠. 그래서 '무엇'이냐고, '어떻게' 하냐고 묻는 의문문이 아닌데도 what이나 how로 문장이 시작돼요. '무엇'에 관해 감탄할 때는 'What + a/an + 형용사 + 명사!'의 순서로 문장을 만들어요. 이때 뒤에 나오는 명사가 복수이거나 셀 수 없는 명사일 때는 a/an을 쓸 필요가 없어요. 그리고 보통 느낌표로 문장을 끝마쳐요.

🔒 패턴 2 정말 엉망으로 어질러 놓았구나!

형용사 없이 'What a + 명사!'만으로 간단하게 감정과 느낌을 표현할 수 있어요. 몇 가지 집중적으로 익혀 실생활에서 사용해 보세요.

🔑 문장의 열쇠, 단어   듣고 큰 소리로 따라 읽어 보세요. 🔘 Track 122

- **beautiful** 아름다운
- **amazing** 놀라운
- **world** 세계, 세상
- **fast** 빠른

- **runner** 주자, 달리는 사람
- **shame** 애석한 일, 수치
- **relief** 안도, 안심
- **pity** 안된 일, 유감, 불쌍히 여김

- **surprise** 뜻밖의 일, 놀라운 소식, 놀라움
- **great** 대단한, 아주 좋은, 위대한

What + (a/an) 감정(형용사 + 명사)!

정말[얼마나] _____ 하다[한가]!

a beautiful house
아름다운 집

단어가 모여 문장
듣고 빈칸을 채운 후 완성된 문장을 써보세요. ⊙ Track 123

- 정말 ~해! → [   ] [~!]

- 정말 아름다운 집이야! → [What] [!]

- * 정말 아름다워! → [How] [!]

실수⚠주의
- *What beautiful house!* (X) 셀 수 있는 명사 house가 단수이므로 앞에 하나를 나타내는 a를 써야 해요.
- *What beautiful!* (X) what은 '무엇'에 해당하는 명사에 관해 감탄하는 말이므로 형용사를 강조할 때는 How beautiful!이라고 해요.

What a beautiful house!

문장 만들기 연습
주어진 표현을 사용해 우리말에 맞는 영어 문장을 써보세요.

1 정말 놀라운 영화야! [an amazing film]
→ _____

2 정말 세상은 좁구나! [a small world]
→ _____

3 정말 더운 날이야! [hot day]
→ _____

4 참으로 빠른 주자야! [a fast runner]
→ _____

5 정말 멋진 그림들입니다! [nice pictures]
→ _____

What + 감정(a/an + 명사)!

정말 _____해(참 _____하군)!

a mess
지저분함

🔓 **단어가 모여 문장** 듣고 빈칸을 채운 후 완성된 문장을 써보세요. ⊙ Track 124

- 정말 ~해! ➡ **What** a ~ !

- 정말 엉망이군! ➡ **What** !

실수 ⚠ 주의 • *What mess!* (X) mess(엉망인 상태)는 주로 단수 취급해서 a와 같이 써요.

What a mess.

🔓 **문장 만들기 연습** 주어진 표현을 사용해 우리말에 맞는 영어 문장을 써보세요.

1 그것 참 유감이야! a shame
➡ _____

2 다행이군요! a relief
➡ _____

3 참 안됐어[불쌍해라]! a pity
➡ _____

4 이게 웬일이야[깜짝이야]! a surprise
➡ _____

5 정말 좋은 생각이야! a great idea
➡ _____

네 영어 선생님은 누구시니?

의문사 who를 이용해 그 사람이 누구인지, 어떤 일을 하고 싶은 사람은 누구인지 물어보세요.

네 영어 선생님은 누구시니?

솜사탕 먹을 사람?

Mr. Big, the man over there.
빅 선생님이야, 저쪽에 있는 남자분.

🔒 **패턴 1** 네 영어 선생님은 누구시니(누가 네 영어 선생님이니)?

의문사 who는 사람에 대해 묻는 말이에요. '동작의 주체', 즉 주어가 누구인지 묻는 말이죠. '누가 ~이니?[~이 누구니?]'라고 묻고 싶을 때는 'Who + is/are + 주어?'로 말해요. 이때 문장의 주어가 단수이면 동사로 is를, 복수이면 are를 써요. be동사 was/were를 쓰면 과거를 묻는 표현이 돼요.

🔒 **패턴 2** 솜사탕 먹을 사람(누가 솜사탕을 원하니)?

'~하고 싶은 사람?[누가 ~하고 싶니?]'이라는 말 일상에서 많이 하죠? 영어로는 Who wants ~?라고 하면 돼요. 의문사 who가 문장의 주어로 쓰인 것이죠. 이렇게 who가 주어인 경우 Who wants/goes/makes/does ~?처럼 동사는 항상 3인칭 단수형을 써요. Who wants 뒤에는 바로 명사를 쓰거나, to do와 같은 동사를 쓸 수 있어요.

🔑 **문장의 열쇠, 단어** 듣고 큰 소리로 따라 읽어 보세요. 🔘 Track **125**

- **who** 누구
- **singer** 가수
- **player** 선수
- **cotton candy** 솜사탕

- **pizza** 피자
- **board game** 보드 게임(판을 놓고 그 위에서 말을 이동시켜 가며 하는 게임)
- **be next** 다음 차례이다

패턴 1

Who + is / are + your 사람(명사) ?

네 _____는 누구니[누가 네 _____이니]?

English teacher
영어 선생님

단어가 모여 문장 듣고 빈칸을 채운 후 완성된 문장을 써보세요. ⊙ Track 126

- 누가 ~이니? → [   ] [   ] ~?

- 누가 네 영어 선생님이니? → Who is your [?]

- * 누가 너희들의 선생님들이니? → Who [   ] your teachers?

- * 네 전화번호는 무엇이니? → [   ] is your phone number?

실수⚠주의
- *Who are your English teacher?* (X) 주어 your English teacher는 단수이므로 단수동사 is와 함께 써요.
- *What is your English teacher?* (X) 사람을 물을 때는 의문사 who와 함께 써요.

Who is your English teacher?

문장 만들기 연습 주어진 표현을 사용해 우리말에 맞는 영어 문장을 써보세요.

1 누가 네 아버지시니? [father]

→ _____

2 누가 네 친구들이야? [friends]

→ _____

3 네가 가장 좋아하는 가수들은 누구니? [favorite singers]

→ _____

4 네가 가장 좋아하는 축구 선수는 누구니? [favorite soccer player]

→ _____

5 너의 롤 모델[본보기]은 누구니? [role model]

→ _____

Who + wants + 원하는 것(명사/to 동사원형)?

누가 _____을 원하니[_____하고 싶은 사람]?

cotton candy
솜사탕

단어가 모여 문장 듣고 빈칸을 채운 후 완성된 문장을 써보세요. ⊙ Track 127

- 누가 원하니? → Who [?]

- 누가 솜사탕을 원하니? → Who wants [?]
  (= 솜사탕 먹을 사람?)

  * 솜사탕을 사고 싶은 사람? → Who wants _____ _____ cotton candy?

  * 너는 솜사탕을 원해? → Do you [ ] some cotton candy?

실수⚠주의 • Who does want cotton candy? (X) 의문사가 주어인 경우에는 의문문이라도 동사를 의문사 뒤에 바로 써요.
• Who want cotton candy? (X) 의문사가 주어인 경우 동사는 단수형을 써야 하므로 wants라고 고쳐야 해요.

Who wants cotton candy?

문장 만들기 연습 주어진 표현을 사용해 우리말에 맞는 영어 문장을 써보세요.

1 아이스크림 먹을 사람? ice cream

→ _____

2 피자 먹을 사람? pizza

→ _____

3 주스 좀 마실 사람? some juice

→ _____

4 누가 보드 게임 할래? to play a board game

→ _____

5 누가 다음에 할래? to be next

→ _____

누가 이것을 할 수 있어?

의문사 who를 이용해 누가 어떤 일을 할 수 있는지 또는 누가 어떤 일을 할 계획인지 물어볼 수 있어요.

누가 이것을
할 수 있어?

I can do it. But I need some help.
내가 할 수 있어. 그러나 도움이 필요해.

누가 나랑 같이 갈 거야?

🔒 패턴 1 누가 이것을 할 수 있어?

의문사 who 뒤에 조동사 can을 써서 물으면 '누가 ~을 할 수 있겠어?' 또는 '~할 수 있는 사람?'이라고 묻는 표현이 됩니다. 상황에 따라서 '아무도 할 수 없다'라는 의미로 해석될 수도 있죠. 이 표현에서도 의문사 who가 주어 역할을 해요. 조동사 can 뒤에는 항상 동사원형을 써야 한다는 것도 잊지 마세요.

🔒 패턴 2 누가 나와 같이 갈 거야?

의문사 who와 예정이나 계획을 나타내는 표현인 be going to를 결합하여 의문문을 만들어 보세요. '누가 ~을 할 예정이니?'라는 의미로 의문사 who가 주어 역할을 해요. 이 때 to 뒤에는 동사원형을 써야 해요. Who is를 줄여서 Who's going to ~?로 쓸 수 있어요.

🔑 **문장의 열쇠, 단어** 듣고 큰 소리로 따라 읽어 보세요. 🔘 Track 128

• **play the violin** 바이올린을 켜다
• **translate ~ into...** ~을 …로 번역하다
• **final** 결승전

• **do the dishes** 설거지를 하다
• **take the blame** 잘못의 책임을 지다

패턴 1 Who + can + 능력(동사원형)?

누가 _____을 할 수 있어[_____을 할 수 있는 사람]?

do this
이것을 하다

단어가 모여 문장 듣고 빈칸을 채운 후 완성된 문장을 써보세요. ⊙ Track 129

- 누가 ~할 수 있어? → Who | can | ~?

- 누가 이것을 할 수 있어? → Who | can | _____?
  (= 이것을 할 수 있는 사람?)

- * 누가 이것을 해야 하니? → Who | _____ | do this?

실수⚠주의 • Who can does this? (X) 조동사 can 뒤에는 동사원형을 써야 해요.

Who can do this?

문장 만들기 연습 주어진 표현을 사용해 우리말에 맞는 영어 문장을 써보세요.

1 나를 도와줄 수 있는 사람? [help me]
→ _____

2 바이올린을 켤 줄 아는 사람? [play the violin]
→ _____

3 그를 말릴 수 있는 사람? [stop him]
→ _____

4 개를 돌볼 수 있는 사람? [take care of the dog]
→ _____

5 이것을 영어로 번역할 수 있는 사람? [translate this into English]
→ _____

패턴 2 Who + is going to + 계획/예정(동사원형)?

누가 _____을 할 거니?

go with me
나와 같이 가다

🔒 **단어가 모여 문장** 듣고 빈칸을 채운 후 완성된 문장을 써보세요. ⊙ Track 130

- 누가 ~을 할 거니? → **Who** | ___ ___ ___ | ~?

- 누가 나와 같이 갈 거니? → **Who** | **is going to** | ?

- = **Who's** | **going to** | go with me?

* 누가 가고 있니? → | **going?**

⚠️ **실수 주의** • Who are going to go with me? (X) 의문사 who는 단수 취급하므로 단수동사 is와 함께 써요.

Who is going to go with me?

🔓 **문장 만들기 연습** 주어진 표현을 사용해 우리말에 맞는 영어 문장을 써보세요.

1 누가 그것을 사용할 거니? [use it]

→ _____

2 결승전에서 누가 이길까요? [win the finals]

→ _____

3 누가 설거지를 할 거니? [do the dishes]

→ _____

4 누가 나랑 같이 있을 거예요? [be with me]

→ _____

5 누가 책임질 것인가요? [take the blame]

→ _____

당신의 생일은 언제인가요?

의문사 when을 이용하여 언제인지, 또는 언제 했는지 등을 물어볼 수 있어요.

당신의 생일은
언제인가요?

그를 처음 만났던
것은 언제죠?

HAPPy wedding !!

It's on May 1st.
5월 1일입니다.

The same date
last year!
작년 같은 날이었어요!

🔒 **패턴 1** 당신의 생일은 언제인가요?

의문사 when은 '언제'라는 뜻을 나타내요. 그 뒤에는 항상 의문문 순서로 문장을 써요. 따라서 be동사와 함께 쓸 때는 'When + be동사 + 주어~?' 순서로 써야 하죠. 구체적인 시간은 보통 what time으로 묻지만, 대략의 시기나 어떤 일이 이루어진 시점을 물어볼 때는 when을 사용할 수 있어요.

🔒 **패턴 2** 그를 처음 만났던 것은 언제죠?

'언제 ~ 했는지' 과거에 대해서 물을 때는 과거시제의 의문문을 활용해서 'When did you + 동사원형?'이라고 해보세요. 우리말에서는 '너'라는 말을 생략하고 물어볼 수도 있지만 영어에서는 꼭 문장의 주어를 써야 해요. 또, did 대신에 do를 써서 현재시제로 물으면 보통 언제 하는지 정해진 시간을 묻는 표현이 돼요.

🔑 **문장의 열쇠, 단어** 듣고 큰 소리로 따라 읽어 보세요. ⊙ Track 131

- **when** 언제
- **birthday** 생일
- **interview** 인터뷰, 면접
- **due** 만기의, 지불 기일이 닥친, ~하게 되어 있는
- **full moon** 보름달

- **every week** 매주 (*cf.* week 주, 일주일)
- **get back** 돌아오다
- **leg** 다리
- **hear about** ~에 관해 듣다

패턴 1 # When + is + 특정한 날(명사) ?

_____은 언제예요?

your birthday
네 생일

단어가 모여 문장 듣고 빈칸을 채운 후 완성된 문장을 써보세요. ⊙ Track 132

• ~은 언제인가요? → [ ] is [~?]

• 당신의 생일은 언제인가요? → When is [?]

* 그녀의 생일은 언제니? → When is _____ birthday?

실수⚠주의
• When your birthday is? (X) 의문사는 의문문에 쓰므로 'be동사 + 주어' 순서가 되어야 해요.
• When is you birthday? (X) 명사인 birthday 앞에는 형용사 역할을 하는 your(너의)를 써야 해요.

When is your birthday?

문장 만들기 연습 주어진 표현을 사용해 우리말에 맞는 영어 문장을 써보세요.

1 인터뷰가 언제니? the interview
→

2 다음 버스가 언제 있습니까? the next bus
→

3 이 책들은 언제 반납해야 해요? these books due
→

4 방문[면회]시간이 언제입니까? the visiting hours
→

5 다음번 보름달은 언제인가요? the next full moon
→

When + did + you + 행동(동사원형)?

언제 _____을 했나요(_____했던 게 언제인가요)?

meet him first
그를 처음 만나다

단어가 모여 문장 듣고 빈칸을 채운 후 완성된 문장을 써보세요. Track 133

- 언제 ~을 했나요? → [ ] [ ] you ~?
- 언제 그를 만났나요? → When did you _____ him?
- 언제 그를 처음으로 만났나요? → When did you meet him _____?
- * 매주 언제 그를 만나나요? → When [ ] you _____ him every week?

실수⚠주의 · *When did you meet he first?* (X) 동사 meet 뒤에는 목적어가 와야 하므로 he의 목적격인 him을 써야 해요.

When did you meet him first?

문장 만들기 연습 주어진 표현을 사용해 우리말에 맞는 영어 문장을 써보세요.

1 너 거기 언제 갔었어? go there
→

2 언제 돌아왔어? get back
→

3 너 다리를 언제 다친 거야? hurt your leg
→

4 이것에 관해 들은 게 언제야? hear about this
→

5 언제 그것을 구입했습니까? buy it
→

여기가 어디예요?

위치나 장소를 묻고 싶을 때는 의문사 where을 이용할 수 있어요.

 패턴 1 **(지금) 여기가 어디예요?**

의문사 where은 '어디인지' 위치나 장소를 물어볼 때 써요. 어디인지 묻는 말이니 항상 의문문과 함께 쓰겠죠. 'Where + is/are + 주어?'의 형태로 쓰는데, '~이 어디에 있어요?'라는 뜻으로 위치를 묻는 표현이에요.

 패턴 2 **어디서 택시를 탈 수 있어요?**

의문사 Where 뒤에 조동사 can의 의문문을 결합하여 쓸 수 있어요. 즉, 'Where + can I + 동사원형 ~?'의 순서로 '내가 어디서 ~할 수 있어요?'라는 뜻을 나타내요. 우리말 문장에서 '내가'는 생략해도 자연스럽지만 영어 문장에는 반드시 주어를 써야 해요.

🔑 **문장의 열쇠, 단어** 듣고 큰 소리로 따라 읽어 보세요. 🔘 Track 134

- **where** 어디
- **exit** 출구
- **subway station** 지하철역
- **catch** 잡다

패턴 1 Where + is/are + 장소/사람(명사) ?

_____은 어디에 있나요?

we now
우리는 지금

🔑 **단어가 모여 문장** 듣고 빈칸을 채운 후 완성된 문장을 써보세요. 🔘 Track 135

- 우리는 지금 ~에 있다. → [　] [　] { ~ } now.

- 우리는 지금 ~에 있나요? → [　] [　] { ~ } now?

- 우리는 지금 어디에 있는 건가요? → [　] **are** we now?
  (= 여기가 어디예요?)

  * 그녀는 지금 어디에 있나요? → **Where** [　] _____ now?

실수⚠주의 • *Where we are now?* **(X)** 의문사 where 뒤에는 의문문 순서, 즉 'be동사 + 주어'의 순서로 써야 해요.

Where are we now?

🔓 **문장 만들기 연습** 주어진 표현을 사용해 우리말에 맞는 영어 문장을 써보세요.

1 화장실이 어디예요? the restroom
→ _____

2 출구가 어디입니까? the exit
→ _____

3 파티는 어디서 해? the party
→ _____

4 넌 지금 어디에 있어? you right now
→ _____

5 지하철역이 어디예요? the subway station
→ _____

패턴 2 Where + can + I + 행동(동사원형)?

전 어디서 _____할 수 있어요?

catch a taxi
택시를 잡다

🔑 단어가 모여 문장 듣고 빈칸을 채운 후 완성된 문장을 써보세요. ⊙ Track 136

- 전 여기서 택시를 잡을 수 있어요. → I [ ] [_____ a taxi] [here.]

- 제가 여기서 택시를 잡을 수 있어요? → [ ] [ ] [catch a taxi] [here?]

- 전 어디서 택시를 잡을 수 있어요? → [ ] can I [catch a taxi?]

- ＊당신은 어디서 택시를 잡을 수 있어요? → Where [ ] [ ] [catch a taxi?]

- ＊당신은 어디서 택시를 잡았어요? → Where [ ] [ ] [catch a taxi?]

실수⚠주의 • *Where I can catch a taxi?* (X) 의문사 where 뒤에는 의문문 순서인 'can + 주어 + 동사원형'의 순서로 써야 해요.

Where can I catch a taxi?

🔓 문장 만들기 연습 주어진 표현을 사용해 우리말에 맞는 영어 문장을 써보세요.

1 저 어디서 잘 수 있어요? [sleep]
→ _____

2 전 어디서 지하철을 탈 수 있어요? [take the subway]
→ _____

3 전 어디서 이것을 입어볼 수 있습니까? [try this on]
→ _____

4 난 어디서 티켓을 살 수 있어? [buy tickets]
→ _____

5 제가 그 책을 어디서 찾을 수 있나요? [find the book]
→ _____

어디서 축구를 하니?

어떤 행동을 하는 장소나 위치를 물을 때는 의문사 where과 Do you ~? 의문문을 결합해요.

🔒 패턴 1 (너는) 어디서 축구를 하니?

상대방에게 평소 어떤 행동을 하는 장소나 위치가 어딘지를 물을 때 'Where do you + 동사원형?'을 써요. 주어가 he/she/it 등 3인칭 단수일 때는 does를 써서 의문문을 만들어요. Where ~?로 묻는 질문에는 Yes./No.가 아니라 장소를 알려 주는 말로 대답해야겠죠?

🔒 패턴 2 (너는) 공을 마지막으로 어디에 뒀는데?

과거에 어떤 행동을 했던 장소나 위치를 물을 때는 'Where did you + 동사원형?'을 써요. did가 do의 과거형이라는 것만 다를 뿐, 문장 구조는 위의 현재형과 같아요. 과거형에서는 주어가 3인칭 단수일 때도 모두 did를 써요. where 대신 when을 쓰면 '언제' 했는지 묻는 표현이 됩니다.

🔑 문장의 열쇠, 단어 듣고 큰 소리로 따라 읽어 보세요. 🔘 Track 137

- **play soccer** 축구를 하다
- **get off** 내리다
- **ball** 공
- **last** 마지막으로
- **lose** 잃다
- **news** 소식
- **T-shirt** 티셔츠
- **before** 전에
- **get** 얻다
- **information** 정보

패턴 1

Where + do + you + 동작(동사원형) ?

(너는) 어디서 _____ 하니?

play soccer
축구를 하다

단어가 모여 문장 듣고 빈칸을 채운 후 완성된 문장을 써보세요. ● Track 138

- 너는 ~ 하니? → [ ] [ ] [~?]

- 너는 축구를 하니? → **Do** **you** [?]

- 너는 어디서 축구를 하니? → [ ] **do** **you** play soccer?

  * 그는 어디서 축구를 하니? → **Where** [ ] [ ] play soccer?

실수⚠주의 • *Where is he play soccer?* (X) keep은 일반동사이므로 의문문을 만들 때 주어에 따라 do나 does와 함께 써야 해요.

Where do you play soccer?

문장 만들기 연습 주어진 표현을 사용해 우리말에 맞는 영어 문장을 써보세요.

1 당신은 어디에 사세요? live
→ _____

2 넌 어디로 가고 싶니? want to go
→ _____

3 어디에 앉고 싶어요? want to sit
→ _____

4 어디서 내리십니까? gct off
→ _____

5 넌 보통 어디서 옷을 사니? usually buy clothes
→ _____

패턴 2 Where + did + you + 동작(동사원형) ?

(너는) 어디서 _____했니?

have the ball last
마지막으로 공을 가지다

🔑 단어가 모여 문장 듣고 빈칸을 채운 후 완성된 문장을 써보세요. ⓞ Track 139

- 너는 ~ 했니? → [＿] [＿] [~?]

- 너는 어디서 ~ 했니? → [＿] [did] [you] [~?]

- 너는 어디서 마지막으로
  공을 가지고 있었니? → [Where] [did] [you] [_____?]

- *그녀는 어디서 마지막으로
  공을 가지고 있었니? → [Where] [＿] [＿] [_____ the ball last?]

실수⚠주의 • Where you have the ball last? (X) Where 뒤에는 의문문이 와야 하므로 do나 did를 you 앞에 써야 해요.

Where did you have the ball last?

🔓 문장 만들기 연습 주어진 표현을 사용해 우리말에 맞는 영어 문장을 써보세요.

1 어디서 그것을 잃어버렸니? [lose it]
  →

2 어디서 그 소식을 들었어? [hear the news]
  →

3 넌 네 티셔츠를 어디서 샀니? [buy your T-shirt]
  →

4 전에 어디서 살았습니까? [live before]
  →

5 이 정보는 어디서 구했어요? [get this information]
  →

스테이크를 어떻게 해 드릴까요?

의문사 how를 이용하여 상대방의 의견이나 느낌을 물어볼 수 있어요.

스테이크를 어떻게 해 드릴까요?

오늘 어땠어?

Medium rare, please.
살짝 덜 익혀 주세요.

🔒 **패턴 1** (제가) 스테이크를 어떻게 해 드릴까요?

의문사 how로 가장 많이 하는 표현은 How are you? / How's everything? / How's your mother?처럼 안부를 묻는 말이에요. 그런데 '~은 어때?'라고 마음에 드는지 어떤지, 상대방의 느낌이나 의견을 물을 때는 How do you like ~?라고 해요. like 뒤에 음식 이름이 오면 그 음식을 어떻게 요리해 줄지 묻는 말이 된답니다. 이 때 do you like 대신 would를 써서 How would you like ~?로 물으면 훨씬 더 정중한 표현이 되죠.

🔒 **패턴 2** (너의) 하루는 어땠어?

How is your ~?는 현재의 상대방의 안부나 상황을 물어보는 표현이죠. How is를 줄여서 How's로 쓰기도 해요. 이 때 동사 is를 was로 바꿔서 How was your ~?라고 하면 과거 일이 어떻게 되었는지 느낌이나 감상을 물어볼 수 있어요. 이 때 your 뒤에 나오는 내용이 복수일 때는 How were your ~?라고 묻습니다.

🔑 **문장의 열쇠, 단어** 듣고 큰 소리로 따라 읽어 보세요. 🔘 Track 140

- **how** 어떻게
- **steak** 스테이크
- **place** 장소
- **meal** 식사
- **holiday** 휴일
- **at school** 학교에서

How + do + you + like + 상황/음식(명사)?

_____은 어때요? / (음식)을 어떻게 해 드릴까요?

your steak
스테이크

🔓 **단어가 모여 문장** 듣고 빈칸을 채운 후 완성된 문장을 써보세요. 🔘 Track 141

● 당신의 스테이크 좋아요(맛있어요)? → [   ] [   ] like your steak?

● 스테이크를 어떻게 해 드릴까요? → [   ] do you like your steak?
  (=스테이크를 어떻게 하면 좋으세요?)

* 스테이크를 어떻게 해 드릴까요? → How [   ] [   ] [   ]
  (더 정중한 표현)

  your steak?

실수⚠주의 ● *How you like your steak?* (X) 의문사 How 뒤에는 의문문이 와야 하므로 you 앞에 do가 필요해요.

How do you like your steak?

🔓 **문장 만들기 연습** 주어진 표현을 사용해 우리말에 맞는 영어 문장을 써보세요.

1 계란은 어떻게 해 줄까? your eggs

   →

2 새로 옮긴 학교는 어때? new school

   →

3 새로 오신 선생님은 어때? your new teacher

   →

4 자전거는 어떠니[마음에 드니]? the bike

   →

5 여기 어때요[마음에 들어요]? this place

   →

패턴 2 How + was + your 상황(명사)?

_____은 어땠어?

day
하루

🔓 **단어가 모여 문장** 듣고 빈칸을 채운 후 완성된 문장을 써보세요. ⊙ Track 142

- 너의 하루는 ~했다 → | Your day | | |

- 너의 하루는 ~했어? → | | your day | ~? |

- 너의 하루는 어땠어? → | | | your | day? |

- * 당신의 휴가는 어땠어요? → | How | | your | holidays? |

실수⚠주의 • *What was your day?* (x) 어떠한지 물어볼 때는 how를 써요. 이 문장처럼 what을 쓰면 '오늘은 무엇이었니?'라는 뜻이에요.

How was your day?

🔓 **문장 만들기 연습** 주어진 표현을 사용해 우리말에 맞는 영어 문장을 써보세요.

1 너의 주말은 어땠어? | weekend |
→ _____

2 학교 첫날은 어땠니? | first day at school |
→ _____

3 제주도 여행은 어땠어요? | trip to Jejudo |
→ _____

4 오늘 저녁 식사는 어땠어요? | meal tonight |
→ _____

5 어제 시험은 어땠어? | exam yesterday |
→ _____

일행이 몇 분이세요?

수나 키, 나이, 가격, 길이를 물어볼 때는 '의문사 how + 형용사'를 이용해 보세요.

일행이 몇 분이세요?

Just two.
두 명이요.

전부 얼마예요?

 패턴1 일행이 몇 분이세요?

의문사 how 뒤에 형용사나 부사를 붙여서 수나 양이 얼마나 많은지 물어볼 수 있어요. how many는 '얼마나 많은/몇 명'이라는 뜻으로 수를 묻는 말이에요. 형용사 many는 셀 수 있는 명사의 복수형 앞에서 '많은'이란 뜻으로 쓰이죠? 마찬가지로 how many 뒤에도 항상 books, friends, people과 같은 셀 수 있는 명사의 복수형만 쓸 수 있어요.
의문사 how 뒤에는 의문문이 따라온다는 것을 꼭 기억하세요. 따라서 문장은 'How many + 복수명사 + are there?' 또는 'How many + 복수명사 + do/does + 주어 + 동사원형?'의 구조가 됩니다.

 패턴2 전부 얼마예요?

의문사 how 뒤에 여러 가지 형용사를 붙여 물어볼 수 있어요. how much는 가격을 묻는 표현이고, How far/old/tall/long은 각각 거리, 나이, 키, 길이를 묻는 말이에요. 그 뒤에 의문문, 즉 'is/are + 주어?'를 쓰는데, 이 때 동사는 주어에 따라 달라져요.

🔑 **문장의 열쇠, 단어** 듣고 큰 소리로 따라 읽어 보세요. 🔘 Track 143

- **how many** (수) 얼마나 많은
- **party** 일행, 파티
- **every night** 매일 밤(에)
- **March** 3월
- **follower** SNS 등의 팔로워, 추종자

- **on Instagram** 인스타그램에
- **how much** (양) 얼마나 많은
- **how far** 얼마나 먼
- **how old** 얼마나 나이든
- **how tall** 얼마나 키가 큰

- **how long** 얼마나 오래
- **altogether** 모두 합쳐, 총
- **fare** 요금
- **movie** 영화

패턴 1 How many + 수(복수명사) + 의문문?

몇(얼마나 많은) _____이 _____하나요?

people / there are in your party
사람들 / 당신의 일행에 있다

🔓 단어가 모여 문장
듣고 빈칸을 채운 후 완성된 문장을 써보세요. ⊙ Track 144

• 몇 사람 ~? ➡ [_____] people ~?

• 몇 사람이 있나요? ➡ **How many** people are there?

• 당신 일행 중에 몇 사람이 있나요? ➡ [_____] _____ are there in your party?

실수⚠주의 • *How many people is there in your party?* (X) 주어 people이 복수이므로
복수형 동사 are를 써요.

~~How many people are there in your party?~~

🔓 문장 만들기 연습
주어진 표현을 사용해 우리말에 맞는 영어 문장을 써보세요.

1 매일 밤 몇 시간을 자요? [hours / you sleep every night]
➡ _____

2 책 몇 권을 빌릴 거니? [books / you will borrow]
➡ _____

3 3월에는 며칠이 있어요? [days / there are in March]
➡ _____

4 그녀는 인스타 팔로워가 몇 명이죠? [followers / she has on Instagram]
➡ _____

5 그 수업에 학생이 몇 명 있어요? [students / there are in the class]
➡ _____

패턴 2

How much/far/old/tall/long + is/are + 주어(명사) ?

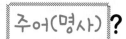
it altogether
모두 합쳐서

_____은 가격/거리/나이/키/길이가 얼마예요?

🔓 **단어가 모여 문장** 듣고 빈칸을 채운 후 완성된 문장을 써보세요. ⊙ Track 145

- 그것은 얼마예요? ➡ | ___ ___ | is | it? |

- 모두 합쳐서 얼마예요? ➡ | How much | is | _____? |

* 이 꽃들은 얼마예요? ➡ | How much | ___ | these flowers? |

실수⚠주의 • How much is altogether? (X) 영어 문장에는 꼭 주어가 있어야 하므로 is 다음에 it을 써야 해요.

How much is it altogether?

🔓 **문장 만들기 연습** 주어진 표현을 사용해 우리말에 맞는 영어 문장을 써보세요.

1 요금이 얼마예요? ⌜much / the fare⌝

➡ _____

2 여기서 거리가 얼마나 됩니까? ⌜far / it from here⌝

➡ _____

3 그 소년들은 몇 살이야? ⌜old / the boys⌝

➡ _____

4 넌 키가 어떻게 되니? ⌜tall / you⌝

➡ _____

5 그 영화는 얼마나 오래 해요? (상영 시간) ⌜long / the movie⌝

➡ _____

얼마나 자주 등산을 가세요?

How often ~?과 How long ~?을 이용해 어떤 일을 하는 횟수와 일하는 데 걸리는 시간을 물을 수 있어요.

얼마나 자주 등산을 가세요?

Once a week.
일주일에 한 번이요.

10 hours.
10시간 걸렸어요.

정상에 오르는 데 얼마나 걸렸나요?

🔒 **패턴 1** (당신은) 얼마나 자주 등산을 가세요?

의문사 how 뒤에 부사 often(자주)을 붙이면 '얼마나 자주'라는 뜻의 횟수를 묻는 표현이 돼요. 'How often + 의문문(do you + 동사원형)?'은 '얼마나 자주/몇 차례 ~하나요?'라는 의미예요. 주어가 he, she, it과 같은 3인칭 단수일 때는 do 대신 does를 쓰죠. 우리말에서는 상대방에게 질문을 할 때 주어를 생략하는 경우가 많지만, 영어에서는 꼭 주어 you를 써야 해요.

🔒 **패턴 2** 정상에 오르는 데 얼마나 걸렸어요?

어떤 일을 할 때 걸리는 시간은 비인칭주어 it과 동사 take(시간이 걸리다)를 써서 표현해요. 즉, '~하는 데 …가 걸리다'는 'It takes + 시간 + to동사원형'으로 표현해요. 얼마나 걸리는지 물을 때는 how long(얼마나 오래)을 이용하여 'How long + 의문문(does it take + to + 동사원형?)'이라고 해요.

 🔑 **문장의 열쇠, 단어** 듣고 큰 소리로 따라 읽어 보세요. 🎧 Track **146**

- **how often** 얼마나 자주
- **go hiking** 등산을 가다
- **work out** 운동하다
- **watch a movie** 영화를 보다

- **group** 무리, 집단
- **run** (버스, 기차 등이) 운행하다, 달리다
- **reach the top** 정상에 도달하다
- **take** 시간이 걸리다

- **get to** ~에 닿다, 도착하다
- **airport** 공항
- **boil an egg** 달걀을 한 개 삶다

패턴 1

How often + do/does + 주어 + 동사원형 ?

얼마나 자주 _____ 하니?

go hiking
등산하러 가다

🔑 **단어가 모여 문장** 듣고 빈칸을 채운 후 완성된 문장을 써보세요. ◎ Track 147

- 너는 등산을 간다. → **You** [_____ hiking.]

- 너는 등산을 가니? → [ ] [ ] [_____ hiking?]

- 너는 얼마나 자주 등산을 가니? → [_____ _____] **do** **you** [go hiking?]

- * 그는 얼마나 자주 등산을 가니? → **How often** [ ] [ ] [go hiking?]

실수⚠주의 • *How do you go hiking?* (▲) how는 '어떻게'라고 방법을 묻기 때문에 '너는 어떻게 등산을 하러 가니?'라는 뜻이에요.
• *How often you go hiking?* (X) How often 뒤에는 의문문을 써야 해요.

How often do you go hiking?

🔓 **문장 만들기 연습** 주어진 표현을 사용해 우리말에 맞는 영어 문장을 써보세요.

1 너는 얼마나 자주 운동을 하니? [work out]
→ _____

2 당신은 얼마나 자주 영화를 봅니까? [watch a movie]
→ _____

3 얼마나 자주 외식을 하니? [eat out]
→ _____

4 그 단체는 얼마나 자주 만나나요? [the group / meet]
→ _____

5 이 버스는 몇 차례 운행됩니까? [this bus / run]
→ _____

패턴 2 **How long + does/did + it + take +** 동작(to 동사원형)**?**

_____하는 데 시간이 얼마나 걸리니/걸렸니?

to reach the top
정상에 오르다

🔓 **단어가 모여 문장** 듣고 빈칸을 채운 후 완성된 문장을 써보세요. ⊙ Track 148

• ~이 걸리니? ➡ [　　] [　　] take ~?

• 얼마나 걸리니? ➡ [_____ _____] does it take?

• 정상에 오르는 데 얼마나 걸리니? ➡ How long does it take

[　　　　　　　　　　 ?]

* 정상에 오르는 데 얼마나 걸렸니? ➡ How long [　　] [　　]

take to reach the top?

실수⚠주의 • *How long does it take reach the top'?* (**X**) 동사 take 뒤에 reach가 아닌 to reach가 와야 해요.

How long does it take to reach the top?

🔓 **문장 만들기 연습** 주어진 표현을 사용해 우리말에 맞는 영어 문장을 써보세요.

1 집에 가는 데 얼마나 걸렸어요? to go home
➡ _____

2 이 요리를 하는 데 얼마나 걸렸어요? to cook this dish
➡ _____

3 공항까지 가는 데 얼마나 걸려요? to get to the airport
➡ _____

4 계란 하나 삶는 데 얼마나 걸리죠? to boil an egg
➡ _____

5 당신의 일을 끝내는 데 얼마나 걸렸어요? to finish your work
➡ _____

너 왜 피곤해 보이니?

의문사 why를 이용해 왜 그런지 이유를 묻거나, 상대방에게 어떤 일을 제안할 수도 있어요.

너 왜 피곤해 보이니?

일찍 자는 게 어때?

I stayed up late last night.
어젯밤 늦게까지 깨어 있었어요.

🔒 **패턴 1** (너는) 왜 피곤해 보이니?

why는 '왜'란 의미의 의문사로, 이유를 물어볼 때 써요. why 뒤에는 의문문을 써야 하므로 'Why do you + 동사원형?' 또는 'Why are you ~?' 형태를 쓰죠. 상대방이 평소와 다른 행동을 하거나 이해되지 않을 때 그 이유를 묻는 것이므로 이에 대한 대답을 할 때는 Because(왜냐하면) ~를 이용해요.

🔒 **패턴 2** (너는) 일찍 자는 게 어때?

why로 이유만 묻는 게 아니라 제안하고 권유할 때도 쓸 수 있어요. 'Why don't you + 동사원형?'은 '~안 해 볼래?[~하는 게 어때?]'라는 뜻으로 상대방에게 제안이나 권유를 할 때 써요. 단, 친한 사이에 주로 쓰는 표현이니 손윗사람에게는 사용하지 않는 게 좋아요.
'왜 ~하지 않니?'라는 의미가 '~하는 게 좋지 않을까?' 즉, '~하는 게 어때?'라는 의미로 확장되었어요. 같이 하자고 제안할 때는 Why don't we~?라고 해요. 이것은 'Let's + 동사원형.'과 바꿔 쓸 수 있어요.

🔑 **문장의 열쇠, 단어** 듣고 큰 소리로 따라 읽어 보세요. 🔘 Track 149

- **why** 왜
- **look tired** 피곤해 보이다
- **stay up** 밤 늦게까지 안 자고 있다
- **Why don't you ~?** 너 ~하는 게 어때?

- **Why don't we ~?** 우리 ~하는 게 어때?
- **tell ~ the truth** ~에게 사실을 말하다 (cf. truth 사실, 진실)
- **talk later** 나중에 얘기하다

Why + do / did + you + 동작(동사원형)?

너 왜 _____하니 / 했니?

look tired
피곤해 보이다

단어가 모여 문장 듣고 빈칸을 채운 후 완성된 문장을 써보세요. ⓞ Track 150

- (너는) 피곤해 보인다. → **You** [_____.]

- (너는) 왜 피곤해 보이니? → [_____] **do** **you** look tired?

- * 그녀는 왜 피곤해 보이니? → **Why** [_____] [_____] look tired?

실수⚠주의
- *Why do he look tired?* (X) 주어 he는 3인칭 단수이므로 의문문은 does와 함께 써요.
- *Why are you look tired?* (X) 동사 look은 일반동사이고, 주어가 you이므로 의문문은 do와 함께 써요.

Why do you look tired?

문장 만들기 연습 주어진 표현을 사용해 우리말에 맞는 영어 문장을 써보세요.

1 왜 그렇게 생각해? think so

→ _____

2 왜 그렇게 말해? say that

→ _____

3 왜 그것을 좋아해? like it

→ _____

4 왜 그녀는 나한테 거짓말을 했을까? lie to me

→ _____

5 왜 그렇게 늦게까지 안 자고 있었어요? stay up so late

→ _____

패턴 2 Why + don't + you / we + 제안(동사원형) ?

_____하는 게 어때?

go to bed early
일찍 자러 가다

🔒 단어가 모여 문장 듣고 빈칸을 채운 후 완성된 문장을 써보세요. 🔘 Track 151

- (너는) 일찍 자니? → [　] [　] go to bed early?

- (너는) 일찍 자지 않니? → [　] [you] [　　　　?]

- (너는) 일찍 자는 게 어때? → [　] [　] [　] go to bed early?

- * 우리 일찍 자는 게 어때? → [　] [　] [　] go to bed early?

  = [Let's] [go to bed early.]

실수⚠주의 • Why don't you early go to bed? (X) early는 시간을 나타내는 부사이므로 장소를 나타내는 to bed 뒤에 써요.

Why don't you go to bed early?

🔓 문장 만들기 연습 주어진 표현을 사용해 우리말에 맞는 영어 문장을 써보세요.

1 너 그것에 관해 생각해보는 게 어때? think about that
→ _____

2 그걸 한번 입어보는 게 어때요? try it on
→ _____

3 그에게 사실을 말하는 게 어때요? tell him the truth
→ _____

4 우리 뭘 좀 먹는 게 어때? eat something
→ _____

5 우리 나중에 얘기하는 게 어때? talk later
→ _____

Answers
정답

Unit 01

🔑 패턴 1 **My name is ~./I am ~.**

🔓 단어가 모여 문장
name, is

🔓 문장 만들기 연습

1 My name is Tom.
2 My name is Jane.
3 I am Miko.
4 I am Kim Minho.
5 My name is Henry.

🔑 패턴 2 **I am from ~.**

🔓 단어가 모여 문장
am, from

🔓 문장 만들기 연습

1 I am from Seoul.
2 I am from China.
3 I am from Canada.
4 I am from New York.
5 I am from the United States.

Unit 02

🔑 패턴 1 **I am ~ years old.**

🔓 단어가 모여 문장
am, old, old

🔓 문장 만들기 연습

1 I am twelve years old.
2 I am eleven years old.
3 I am nine years old.
4 I am thirteen years old.
5 I am eight years old.

🔑 패턴 2 **I am in the ~ grade.**

🔓 단어가 모여 문장
am, grade

🔓 문장 만들기 연습

1 I am in the first grade.
2 I am in the fourth grade.
3 I am in the fifth grade.
4 I am in the second grade.
5 I am in the sixth grade.

Unit 03

🔑 패턴 1 **I am (very/a little) ~.**

🔓 단어가 모여 문장
am

🔓 문장 만들기 연습

1 I am a little nervous.
2 I am very tired.
3 I am a little hot.
4 I am very excited.
5 I am a little scared.

🔑 패턴 2 **Are you ~ now?**

🔓 단어가 모여 문장
are, Are, happy

🔓 문장 만들기 연습

1 Are you sad now?
2 Are you very sleepy?
3 Are you angry now?
4 Are you bored now?
5 Are you busy now?

Unit 04

🔑 패턴 1 **I'm not happy with ~.**

🔓 단어가 모여 문장
I'm, not, my cap

🔓 문장 만들기 연습

1 I'm happy with my school.
2 I'm not happy with my picture.
3 I'm not happy with this story.
4 I'm happy with this room.
5 I'm not happy with myself.

🔑 패턴 2 **Are you happy with ~?**

🔓 단어가 모여 문장
happy, Are, me

🔓 문장 만들기 연습

1 Are you happy with the gift?
2 Are you happy with your job?
3 Are you happy with your school life?
4 Are you happy with your new bike?
5 Are you happy with the service?

Unit 05

🔑 패턴 1 **I'm worried about ~.**

🔓 단어가 모여 문장

worried, about, you

🔓 문장 만들기 연습

1 I'm worried about my exam.
2 I'm worried about my future.
3 I'm not worried about my friends.
4 I'm worried about her health.
5 I'm not worried about them.

🔑 패턴 2 I'm afraid of ~.

🔓 단어가 모여 문장

afraid, of, being alone

🔓 문장 만들기 연습

1 I'm afraid of spiders.
2 I'm not afraid of the dog.
3 I'm afraid of going into the water.
4 I'm afraid of boarding a plane.
5 I'm not afraid of getting hurt.

Unit 06

🔑 패턴 1 I'm (very) sorry about ~.

🔓 단어가 모여 문장

sorry, very, about, about yesterday

🔓 문장 만들기 연습

1 I'm very sorry about the mistake.
2 I'm sorry about the mess.
3 I'm sorry about it.
4 I'm sorry about her.
5 I'm very sorry about your brother.

🔑 패턴 2 I'm (very) sorry to ~.

🔓 단어가 모여 문장

sorry, to, be late

🔓 문장 만들기 연습

1 I'm sorry to bother you.
2 I'm sorry to call you late.
3 I'm sorry to wake you up.
4 I'm very sorry to hear that.
5 I'm sorry to hurt your feelings.

Unit 07

🔑 패턴 1 I'm so glad to ~.

🔓 단어가 모여 문장

glad, so, to, see you

🔓 문장 만들기 연습

1 I'm so glad to hear that.

2 I'm glad to be here.
3 I'm so glad to be home again.
4 I'm glad to talk to you.
5 I'm glad to help you.

🔑 패턴 2 I'm ready to ~.

🔓 단어가 모여 문장

ready, go out, not

🔓 문장 만들기 연습

1 I'm ready to start now.
2 I'm ready to help you now.
3 I'm ready to order.
4 I'm not ready to go to school.
5 I'm not ready to tell you.

Unit 08

🔑 패턴 1 Please be ~.

🔓 단어가 모여 문장

Be, Please

🔓 문장 만들기 연습

1 Please be quiet.
2 Be happy!
3 Please be seated.
4 Be on time.
5 Please be with me.

🔑 패턴 2 Don't be so ~.

🔓 단어가 모여 문장

Be, Don't, so

🔓 문장 만들기 연습

1 Don't be so noisy.
2 Don't be so late.
3 Don't be so nervous.
4 Don't be so excited.
5 Don't be so afraid.

Unit 09

🔑 패턴 1 This is my ~.

🔓 단어가 모여 문장

This, my, new teacher, Mr. Brown

🔓 문장 만들기 연습

1 This is my brother, Tom.
2 This is my friend, Mary.
3 This is my father.
4 This is my sister.

5   Kate, this is my cousin.

패턴 2 These are my ~.

단어가 모여 문장
These, my, classmates, not

문장 만들기 연습
1   These are my parents.
2   These are my new friends.
3   These are my new shoes.
4   These are my favorite things.
5   These are not my glasses.

Unit 10

패턴 1 Hello, this is ~ speaking.

단어가 모여 문장
Hello, speaking, this

문장 만들기 연습
1   Hello, this is Paul Smith speaking.
2   Hello, this is Jane Brown speaking.
3   Hello, this is Sarah in room 15.
4   This is your captain speaking.
5   Hello, is this the police station?

패턴 2 This is my ~.

단어가 모여 문장
This, my, email address, not

문장 만들기 연습
1   This is my first visit.
2   This is my seat.
3   This is my size.
4   This is my stop.
5   This is not my name.

Unit 11

패턴 1 He is _____'s ~.

단어가 모여 문장
is, Ann's, uncle, not, uncles

문장 만들기 연습
1   He is Jane's father.
2   He is Bob's role model.
3   They are Jack's brothers.
4   He is not Tom's best friend.
5   They are not Peter's children.

패턴 2 Is he/she really ~?

단어가 모여 문장
Is, angry, really, she

문장 만들기 연습
1   Is he really busy?
2   Is she really full?
3   Is he really sick?
4   Is she really better?
5   Is he really alive?

Unit 12

패턴 1 We're/I'm going to ~.

단어가 모여 문장
We're, going, have a party, Are

문장 만들기 연습
1   We're going to eat out.
2   We're going to take the subway.
3   I'm going to stay home.
4   I'm going to lose weight.
5   Are you going to meet him again?

패턴 2 I'm not going to ~.

단어가 모여 문장
going to, not, be late

문장 만들기 연습
1   I'm not going to give up.
2   I'm not going to tell a lie.
3   I'm not going to be alone.
4   I'm not going to eat it.
5   I'm not going to invite you.

Unit 13

패턴 1 Is there a ~ nearby?

단어가 모여 문장
There, Is, nearby, isn't

문장 만들기 연습
1   Is there a restroom nearby?
2   Is there a supermarket nearby?
3   Is there a library nearby?
4   There is a bank nearby.
5   There isn't a bookstore nearby.

패턴 2 There are so many ~.

단어가 모여 문장
There, many, so, buses

1 There are so many interesting books.
2 There are so many people.
3 There are so many tests.
4 There are so many things to do.
5 There are so many questions to ask.

Unit 14

🔑 패턴1 **I'm 동사-ing ~ now.**

🔒 단어가 모여 문장
doing my homework, now, not

🔓 문장 만들기 연습

1 I'm reading a book now.
2 I'm buying a gift now.
3 I'm going home now.
4 I'm taking off my shoes now.
5 I'm looking for my glasses now.

🔑 패턴2 **Are you still 동사-ing ~?**

🔒 단어가 모여 문장
are, sleeping, still

🔓 문장 만들기 연습

1 Are you still working here?
2 Are you still playing the game?
3 Are you still living in Seoul?
4 Are you still using the phone?
5 Are you still waiting for your turn?

Chapter 2 Unit 15~28

Unit 15

🔑 패턴1 **I really feel like ~.**

🔒 단어가 모여 문장
really, like, crying

🔓 문장 만들기 연습

1 I really feel like dancing.
2 I feel like humming.
3 I really feel like eating something.
4 I feel like talking tonight.
5 I feel like going swimming.

🔑 패턴2 **I don't feel like ~.**

🔒 단어가 모여 문장
feel, like, don't, don't, singing

🔓 문장 만들기 연습

1 I don't feel like eating now.
2 I don't feel like doing anything.
3 I don't feel like playing with my friends.
4 I don't feel like studying today.
5 I don't feel like going to school.

Unit 16

🔑 패턴1 **I have ~.**

🔒 단어가 모여 문장
have, a dream, don't

🔓 문장 만들기 연습

1 I have two brothers.
2 I have an idea.
3 I have some paper.
4 I don't have my passport.
5 I don't have time now.

🔑 패턴2 **Do you have any ~?**

🔒 단어가 모여 문장
have, Do, water

🔓 문장 만들기 연습

1 Do you have any pets?
2 Do you have any ideas?
3 Do you have any hobbies?
4 Do you have any questions?
5 Do you have any plans?

Unit 17

🔑 패턴1 **I have / He has a ~.**

🔒 단어가 모여 문장
have, a bad headache, has, don't

🔓 문장 만들기 연습

1 I have a bad cold.
2 He has a stiff neck.
3 I have a runny nose.
4 I have a sore throat.
5 I have a high fever.

🔑 패턴2 **Does it have ~?**

🔒 단어가 모여 문장
It, Does, have, doesn't

1 Does it have black spots?
2 Does it have long hair?
3 Does it have a small mouth?
4 Does it have big eyes?
5 Does it have a good nose?

Unit 18
🔑 패턴 1 **I have ~ for breakfast.**

🔒 단어가 모여 문장

have, toast, for breakfast, had

🔓 문장 만들기 연습

1 I have cereal for breakfast.
2 I have sandwiches for breakfast.
3 I have nothing for breakfast.
4 I had rice and soup for breakfast.
5 I had a fried egg for breakfast.

🔑 패턴 2 **Have a good ~.**

🔒 단어가 모여 문장

Have, good, time

🔓 문장 만들기 연습

1 Have a good sleep.
2 Have a good weekend.
3 Have a good day.
4 Have a good trip!
5 Have a good flight.

Unit 19
🔑 패턴 1 **I know ~.**

🔒 단어가 모여 문장

know, the song, don't, knows

🔓 문장 만들기 연습

1 I know her.
2 I know this game.
3 I know his address.
4 I know about science.
5 I know about the rumor.

🔑 패턴 2 **Do you hear ~?**

🔒 단어가 모여 문장

hear, me, you, don't

🔓 문장 만들기 연습

1 Do you hear the rain?
2 Do you hear the voice?

3 Do you hear the fire alarm?
4 Do you hear the people sing?
5 Do you hear from Tom?

Unit 20
🔑 패턴 1 **You look ~ today.**

🔒 단어가 모여 문장

look, good, today, don't

🔓 문장 만들기 연습

1 You look tired today.
2 You look nervous today.
3 You look pale today.
4 You look happy today.
5 You don't look busy today.

🔑 패턴 2 **You look like ~.**

🔒 단어가 모여 문장

You look, a film star, looks

🔓 문장 만들기 연습

1 You look like your mother.
2 You look like father and son.
3 You look like an idiot.
4 You look like a fashion model.
5 You look like a nice man.

Unit 21
🔑 패턴 1 **I like your ~ very much.**

🔒 단어가 모여 문장

like, your, story, very much

🔓 문장 만들기 연습

1 I like your new coat very much.
2 I like your voice very much.
3 I like your hairstyle very much.
4 I like your idea very much.
5 I like your sister very much.

🔑 패턴 2 **I don't like to ~.**

🔒 단어가 모여 문장

like, don't, be alone

🔓 문장 만들기 연습

1 I don't like to do this.
2 I don't like to talk a lot.
3 I don't like to eat fish.
4 I don't like to fight with you.
5 I like to travel by train.

Unit 22

패턴 1 I'd like some ~, please.

단어가 모여 문장

I'd, please, some, juice

문장 만들기 연습

1 I'd like some warm water, please.
2 I'd like some more kimchi, please.
3 I'd like some flowers, please.
4 I'd like some ice cream, please.
5 I'd like some ketchup on the hotdog, please.

패턴 2 I'd like to ~.

단어가 모여 문장

I'd like, try this on

문장 만들기 연습

1 I'd like to help you.
2 I'd like to speak to Jane.
3 I'd like to check out.
4 I'd like to be your friend.
5 I'd like to buy a hat.

Unit 23

패턴 1 Let's ~ soon.

단어가 모여 문장

start, soon, not

문장 만들기 연습

1 Let's get together soon.
2 Let's have lunch soon.
3 Let's leave soon.
4 Let's do it soon.
5 Let's not go back.

패턴 2 Let me ~.

단어가 모여 문장

Let, go first, let me

문장 만들기 연습

1 Let me think.
2 Let me see.
3 Let me use your phone.
4 Let me have it.
5 Let me introduce myself.

Unit 24

패턴 1 I need ~.

단어가 모여 문장

your help, don't, help

문장 만들기 연습

1 I need something to eat.
2 I need a bigger size.
3 I need some exercise.
4 I need to buy a gift.
5 I need to go now.

패턴 2 You don't need to ~.

단어가 모여 문장

need, don't, worry, need

문장 만들기 연습

1 You don't need to wait for me.
2 You don't need to tell us.
3 You don't need to be scared.
4 You don't need to leave now.
5 Do you need to cook dinner?

Unit 25

패턴 1 I / He usually take / takes ~.

단어가 모여 문장

usually, take, walk, in the evening, takes

문장 만들기 연습

1 I usually take a rest in the evening.
2 I usually take a shower in the morning.
3 He usually takes a nap in the afternoon.
4 He usually takes a bath at night.
5 He usually takes a class at night.

패턴 2 We took ~ yesterday.

단어가 모여 문장

took, a bus, yesterday, take

문장 만들기 연습

1 We took a taxi yesterday.
2 We took a quiz yesterday.
3 We took a picture yesterday.
4 We took a trip yesterday.
5 We took a math test yesterday.

Unit 26

패턴 1 Thanks a lot for ~.

단어가 모여 문장

a lot, your advice

문장 만들기 연습

1 Thanks a lot for everything.

2 Thanks a lot for the ride.

3 Thanks a lot for your time.

4 Thanks a lot for the book.

5 Thanks a lot for the invitation.

🔑 패턴 2 Thank you for ~.

🔒 단어가 모여 문장
Thank, for, telling me

🔓 문장 만들기 연습

1 Thank you for calling back.

2 Thank you for inviting me.

3 Thank you for coming today.

4 Thank you for saying that.

5 Thank you for listening.

Unit 27

🔑 패턴 1 I think ~.

🔒 단어가 모여 문장
think, you're wrong

🔓 문장 만들기 연습

1 I think this is enough.

2 I think it looks nice.

3 I think you're right.

4 I think it's too big.

5 I think they'll come.

🔑 패턴 2 I don't believe ~.

🔒 단어가 모여 문장
believe, don't believe, he likes me, believe

🔓 문장 만들기 연습

1 I don't believe he lied to me.

2 I believe that's a mistake.

3 I don't believe she did it.

4 I don't believe he's dead.

5 I believe you're from New York.

Unit 28

🔑 패턴 1 I don't want to ~.

🔒 단어가 모여 문장
want, don't want, to be here, doesn't want

🔓 문장 만들기 연습

1 I don't want to hear you.

2 I don't want to hurt you.

3 I don't want to see her.

4 I don't want to talk about it.

5 She doesn't want to study.

🔑 패턴 2 Do you want to ~?

🔒 단어가 모여 문장
You want, Do you, to stay here

🔓 문장 만들기 연습

1 Do you want to dance?

2 Do you want to have lunch now?

3 Do you want to live happily?

4 Do you want to be smarter?

5 Do you want to go home?

Chapter 3 Unit 29~38

Unit 29

🔑 패턴 1 주어 can ~.

🔒 단어가 모여 문장
speak, speak Chinese, can

🔓 문장 만들기 연습

1 You can do it!

2 Mary can ride a bike.

3 We can pass the exam.

4 Bob can draw pictures.

5 They can come with us.

🔑 패턴 2 주어 can't ~.

🔒 단어가 모여 문장
He can't, speak, Do you

🔓 문장 만들기 연습

1 I can't carry the box by myself.

2 John can't get here in time.

3 We can't talk long.

4 Jane can't answer the question.

5 I can't find my bag.

Unit 30

🔑 패턴 1 Can I ~?

🔒 단어가 모여 문장
ask, Can I, ask a favor

🔓 문장 만들기 연습

1 Can I help you?

2 Can I take your order?

3 Can I sit next to you?

4 Can I try this on?

5 Can I borrow this book?

패턴 2 **Could I ~, please?**

단어가 모여 문장

Could, please, have a new fork

문장 만들기 연습

1 Could I use your bathroom, please?

2 Could I take the exam tomorrow, please?

3 Could I take your picture, please?

4 Could I have your phone number, please?

5 Could I see a menu, please?

Unit 31

패턴 1 **Can you help me with ~?**

단어가 모여 문장

help, me, my homework

문장 만들기 연습

1 Can you help me with my bag?

2 Can you help me with the dishes?

3 Can you help me with the chairs?

4 Can you help me with dinner?

5 Can you help me with this problem?

패턴 2 **Could you please ~?**

단어가 모여 문장

Could you, pass, pass me the salt, Can

문장 만들기 연습

1 Could you please look at this?

2 Could you please do me a favor?

3 Could you please say that again?

4 Could you please fasten your seat belt?

5 Could you please close the window?

Unit 32

패턴 1 **주어 will/won't ~.**

단어가 모여 문장

be free, be free tomorrow, won't

문장 만들기 연습

1 I will go to bed early.

2 They will arrive soon.

3 He will keep his promise.

4 We will do our best.

5 She won't lie to us.

패턴 2 **Will you ~?**

단어가 모여 문장

will, Will, come, come and join us

문장 만들기 연습

1 Will you come with us?

2 Will you join our club?

3 Will you be home tonight?

4 Will you lend me your bike?

5 Will you read the book?

Unit 33

패턴 1 **주어 may (not) ~.**

단어가 모여 문장

may, fall asleep, She, may not

문장 만들기 연습

1 You may be wrong.

2 We may win this time.

3 It may rain on Friday.

4 They may not want to talk.

5 Mary may not think so.

패턴 2 **May I ~?**

단어가 모여 문장

May, leave now, may leave now

문장 만들기 연습

1 May I turn on the light?

2 May I open the door?

3 May I borrow your pen?

4 May I look around?

5 May I change my seat?

Unit 34

패턴 1 **주어 have to ~.**

단어가 모여 문장

have to, finish this now, can finish, will finish, want to

문장 만들기 연습

1 I have to do my best.

2 You have to relax.

3 We have to transfer here.

4 You have to talk to your mother.

5 We have to change the time.

패턴 2 **주어 has to ~.**

단어가 모여 문장

has to, leave right now, going, wants, may leave

1 She has to have her passport.
2 It has to be today.
3 He has to choose.
4 She has to quit.
5 It has to arrive here tomorrow.

Unit 35

패턴 1 주어 don't have to ~.

단어가 모여 문장
don't have to, get up early, have, can't, don't

문장 만들기 연습
1 You don't have to stay here.
2 You don't have to shout.
3 They don't have to hurry.
4 We don't have to worry.
5 You don't have to say that.

패턴 2 주어 doesn't have to ~.

단어가 모여 문장
doesn't have to, know about this, has, know, can't know, doesn't know

문장 만들기 연습
1 She doesn't have to read the book.
2 She doesn't have to go with you.
3 It doesn't have to be fancy.
4 He doesn't have to change subways.
5 He doesn't have to wait any longer.

Unit 36

패턴 1 Do 주어 have to ~?

단어가 모여 문장
Do, have to, Write in English, Can, write, Will, write

문장 만들기 연습
1 Do I have to do it over again?
2 Do we have to stand here?
3 Do you have to be so cruel?
4 Do you have to be here?
5 Do they have to stay with us?

패턴 2 Does 주어 have to ~?

단어가 모여 문장
Does, have to, grade my test, Does, grade my test,

have to grade my test

문장 만들기 연습
1 Does she have to wait here?
2 Does Mary have to pick you up?
3 Does it have to be in English?
4 Does she have to take care of the baby?
5 Does Tom have to install the program?

Unit 37

패턴 1 주어 should ~.

단어가 모여 문장
should, be kind, to others, are, have to

문장 만들기 연습
1 We should start again.
2 He should see a doctor.
3 She should eat more vegetables.
4 I should learn how to swim.
5 You should set the alarm.

패턴 2 You shouldn't ~.

단어가 모여 문장
shouldn't, speak, speak ill of others, don't

문장 만들기 연습
1 You shouldn't talk that way.
2 You shouldn't give up.
3 You shouldn't talk loudly.
4 You shouldn't be alone right now.
5 You shouldn't skip school.

Unit 38

패턴 1 I think I should ~.

단어가 모여 문장
think, I should, do this first, shouldn't

문장 만들기 연습
1 I think I should get more sleep.
2 I think I should call her.
3 I think I should give it a try.
4 I think I should say something.
5 I think I should book tickets today.

패턴 2 What should I/we ~?

단어가 모여 문장
Should, What, be, be for Halloween

문장 만들기 연습
1 What should I wear today?

2 What should I ask for?

3 What should we tell our parents?

4 What should we have for lunch today?

5 What should I take to the gym?

Chapter 4 Unit 39~50

Unit 39

🔑 패턴 1 **What is ~ like?**

🔒 단어가 모여 문장

the weather, like, today

🔓 문장 만들기 연습

1 What is your mother like?

2 What is your best friend like?

3 What is the subway like in Korea?

4 What is life like in China?

5 What is your school like here?

🔑 패턴 2 **What about ~?**

🔒 단어가 모여 문장

leaving tomorrow, tomorrow

🔓 문장 만들기 연습

1 What about you?

2 What about meeting at five?

3 What about this box?

4 What about the kids?

5 What about our exam tomorrow?

Unit 40

🔑 패턴 1 **What time is ~?**

🔒 단어가 모여 문장

is, your first class, are

🔓 문장 만들기 연습

1 What time is the sunset today?

2 What time is your flight tomorrow?

3 What time is the soccer match today?

4 What time are visiting hours?

5 What time is it in New York?

🔑 패턴 2 **What time do you ~?**

🔒 단어가 모여 문장

usually, does, did

🔓 문장 만들기 연습

1 What time do you usually go to bed?

2 What time do you leave home?

3 What time do you close today?

4 What time do you get home?

5 What time do you eat dinner?

Unit 41

🔑 패턴 1 **What a/an ~(형용사+명사)!**

🔒 단어가 모여 문장

What, a beautiful house, beautiful

🔓 문장 만들기 연습

1 What an amazing film!

2 What a small world!

3 What a hot day!

4 What a fast runner!

5 What nice pictures!

🔑 패턴 2 **What a/an ~(명사)!**

🔒 단어가 모여 문장

a mess

🔓 문장 만들기 연습

1 What a shame!

2 What a relief!

3 What a pity!

4 What a surprise!

5 What a great idea!

Unit 42

🔑 패턴 1 **Who is/are your ~?**

🔒 단어가 모여 문장

Who is, English teacher, are, What

🔓 문장 만들기 연습

1 Who is your father?

2 Who are your friends?

3 Who are your favorite singers?

4 Who is your favorite soccer player?

5 Who is your role model?

🔑 패턴 2 **Who wants ~?**

🔒 단어가 모여 문장

wants, cotton candy, to buy, want

🔓 문장 만들기 연습

1 Who wants ice cream?

2 Who wants pizza?

3 Who wants some juice?

4 Who wants to play a board game?

5 Who wants to be next?

Unit 43

패턴 1 **Who can ~?**

단어가 모여 문장
do this, should

문장 만들기 연습

1 Who can help me?

2 Who can play the violin?

3 Who can stop him?

4 Who can take care of the dog?

5 Who can translate this into English?

패턴 2 **Who is going to ~?**

단어가 모여 문장
is going to, go with me, Who's

문장 만들기 연습

1 Who is going to use it?

2 Who is going to win the finals?

3 Who is going to do the dishes?

4 Who is going to be with me?

5 Who is going to take the blame?

Unit 44

패턴 1 **When is ~?**

단어가 모여 문장
When, your birthday, her

문장 만들기 연습

1 When is the interview?

2 When is the next bus?

3 When are these books due?

4 When are the visiting hours?

5 When is the next full moon?

패턴 2 **When did you ~?**

단어가 모여 문장
when did, meet, first, do, meet

문장 만들기 연습

1 When did you go there?

2 When did you get back?

3 When did you hurt your leg?

4 When did you hear about this?

5 When did you buy it?

Unit 45

패턴 1 **Where is / are ~?**

단어가 모여 문장
We are, Are we, Where, is she

문장 만들기 연습

1 Where is the restroom?

2 Where is the exit?

3 Where is the party?

4 Where are you right now?

5 Where is the subway station?

패턴 2 **Where Can I ~?**

단어가 모여 문장
can catch, Can I, Where, can you, did you

문장 만들기 연습

1 Where can I sleep?

2 Where can I take the subway?

3 Where can I try this on?

4 Where can I buy tickets?

5 Where can I find the book?

Unit 46

패턴 1 **Where do you ~?**

단어가 모여 문장
Do you, play soccer, Where, does he

문장 만들기 연습

1 Where do you live?

2 Where do you want to go?

3 Where do you want to sit?

4 Where do you get off?

5 Where do you usually buy clothes?

패턴 2 **Where did you ~?**

단어가 모여 문장
Did you, Where, have the ball last, did she have

문장 만들기 연습

1 Where did you lose it?

2 Where did you hear the news?

3 Where did you buy your T-shirt?

4 Where did you live before?

5 Where did you get this information?

Unit 47

패턴 1 **How do you like ~?**

단어가 모여 문장

Do you, How, would you like

문장 만들기 연습

1 How do you like your eggs?
2 How do you like your new school?
3 How do you like your new teacher?
4 How do you like the bicycle?
5 How do you like this place?

패턴 2 How was your ~?

단어가 모여 문장

was, Was, How was, were

문장 만들기 연습

1 How was your weekend?
2 How was your first day at school?
3 How was your trip to Jejudo?
4 How was your meal tonight?
5 How was your exam yesterday?

Unit 48

패턴 1 How many ~?

단어가 모여 문장

How many, How many people

문장 만들기 연습

1 How many hours do you sleep every night?
2 How many books will you borrow?
3 How many days are there in March?
4 How many followers does she have on Instagram?
5 How many students are there in the class?

패턴 2 How much / far / old / tall / long is / are ~?

단어가 모여 문장

How much, it altogether, are

문장 만들기 연습

1 How much is the fare?
2 How far is it from here?
3 How old are the boys?
4 How tall are you?
5 How long is the movie?

Unit 49

패턴 1 How often do / does 주어 ~?

단어가 모여 문장

go, Do you go, How often, does he

문장 만들기 연습

1 How often do you work out?

2 How often do you watch a movie?
3 How often do you eat out?
4 How often do the group meet?
5 How often does this bus run?

패턴 2 How long does / did it take ~?

단어가 모여 문장

Does it, How long, to reach the top, did it

문장 만들기 연습

1 How long did it take to go home?
2 How long did it take to cook this dish?
3 How long does it take to get to the airport?
4 How long does it take to boil an egg?
5 How long did it take to finish your work?

Unit 50

패턴 1 Why do / did you ~?

단어가 모여 문장

look tired, Why, does she

문장 만들기 연습

1 Why do you think so?
2 Why do you say that?
3 Why do you like it?
4 Why did she lie to me?
5 Why did you stay up so late?

패턴 2 Why don't you / we ~?

단어가 모여 문장

Do you, Don't, go to bed early, Why don't you, Why don't we

문장 만들기 연습

1 Why don't you think about that?
2 Why don't you try it on?
3 Why don't you tell him the truth?
4 Why don't we eat something?
5 Why don't we talk later?

영리한
영문장 쓰기

MP3 파일
트랙 번호 리스트

Intro   001

Chapter 1	
Unit 01	002 ~ 004
Unit 02	005 ~ 007
Unit 03	008 ~ 010
Unit 04	011 ~ 013
Unit 05	014 ~ 016
Unit 06	017 ~ 019
Unit 07	020 ~ 022
Unit 08	023 ~ 025
Unit 09	026 ~ 028
Unit 10	029 ~ 031
Unit 11	032 ~ 034
Unit 12	035 ~ 037
Unit 13	038 ~ 040
Unit 14	041 ~ 043

Chapter 2	
Unit 15	044 ~ 046
Unit 16	047 ~ 049
Unit 17	050 ~ 052
Unit 18	053 ~ 055
Unit 19	056 ~ 058
Unit 20	059 ~ 061
Unit 21	062 ~ 064
Unit 22	065 ~ 067
Unit 23	068 ~ 070
Unit 24	071 ~ 073
Unit 25	074 ~ 076
Unit 26	077 ~ 079
Unit 27	080 ~ 082
Unit 28	083 ~ 085

Chapter 3	
Unit 29	086 ~ 088
Unit 30	089 ~ 091
Unit 31	092 ~ 094
Unit 32	095 ~ 097
Unit 33	098 ~ 100
Unit 34	101 ~ 103
Unit 35	104 ~ 106
Unit 36	107 ~ 109
Unit 37	110 ~ 112
Unit 38	113 ~ 115

Chapter 4	
Unit 39	116 ~ 118
Unit 40	119 ~ 121
Unit 41	122 ~ 124
Unit 42	125 ~ 127
Unit 43	128 ~ 130
Unit 44	131 ~ 133
Unit 45	134 ~ 136
Unit 46	137 ~ 139
Unit 47	140 ~ 142
Unit 48	143 ~ 145
Unit 49	146 ~ 148
Unit 50	149 ~ 151

Ending   152

MP3 파일은 다락원 홈페이지에서도 내려받을 수 있습니다.
www.darakwon.co.kr

Memo

초등 영어 리더의 한 수

영리한 영문장 쓰기

100 패턴 500 문장

쓱싹 익히기

워크북

다락원

초등 영어 리더의 한 수

영리한 영문장 쓰기

100 패턴 500 문장

쓱싹 익히기

워크북

다락원

🔒 패턴 1 My name is ~. / I am ~.

1 내 이름은 탐(Tom)이야. ___My___ ___name___ ___is___ ___Tom.___

　나는 탐이야. _____ _____ _____

2 제 이름은 제인(Jane)입니다. _____ _____ _____ _____

　저는 제인입니다. _____ _____ _____

3 내 이름은 미코(Miko)예요. _____ _____ _____ _____

　나는 미코예요. _____ _____ _____

4 내 이름은 김민호(Kim Minho)야. _____ _____ _____ _____

　나는 김민호야. _____ _____ _____

5 저의 이름은 헨리(Henry)입니다. _____ _____ _____ _____

　저는 헨리입니다. _____ _____ _____

🔒 패턴 2 I am from ~.

1 서울 출신인: ___from___ ___Seoul___

　➡ 나는 서울 출신이야. _____ _____ _____ _____

2 중국에서 온: _____ _____

　➡ 나는 중국에서 왔어. _____ _____ _____ _____

3 캐나다 출신인: _____ _____

　➡ 저는 캐나다 출신이에요. _____ _____ _____ _____

4 뉴욕에서 온: _____ _____ _____

　➡ 저는 뉴욕에서 왔어요. _____ _____ _____ _____

5 미국 출신인: _____ the _____

　➡ 저는 미국 출신이에요. _____ _____ _____ _____

🔒 I am ~ years old.

1 열 두 살: ＿＿＿＿＿＿ ＿＿＿＿＿＿ ＿＿＿＿＿＿

  ➡ 저는 열 두 살입니다. ＿＿＿＿＿＿ ＿＿＿＿＿＿ ＿＿＿＿＿＿

2 열 한 살: ＿＿＿＿＿＿ ＿＿＿＿＿＿ ＿＿＿＿＿＿

  ➡ 저는 열 한 살이에요. ＿＿＿＿＿＿ ＿＿＿＿＿＿ ＿＿＿＿＿＿

3 아홉 살: ＿＿＿＿＿＿ ＿＿＿＿＿＿

  ➡ 저는 아홉 살입니다. ＿＿＿＿＿＿ ＿＿＿＿＿＿ ＿＿＿＿＿＿

4 열 세 살: ＿＿＿＿＿＿ ＿＿＿＿＿＿ ＿＿＿＿＿＿

  ➡ 나는 열 세 살이야. ＿＿＿＿＿＿ ＿＿＿＿＿＿

5 여덟 살: ＿＿＿＿＿＿ ＿＿＿＿＿＿

  ➡ 난 여덟 살이거든. ＿＿＿＿＿＿ ＿＿＿＿＿＿

🔒 I am in the ~ grade.

1 1학년: the ＿＿＿＿＿＿

  ➡ 저는 1학년입니다. ＿＿＿＿＿＿ ＿＿＿＿＿＿ ＿＿＿＿＿＿ ＿＿＿＿＿＿

2 4학년: the ＿＿＿＿＿＿

  ➡ 저는 4학년이에요. ＿＿＿＿＿＿ ＿＿＿＿＿＿ ＿＿＿＿＿＿

3 5학년에: in ＿＿＿＿＿＿ ＿＿＿＿＿＿

  ➡ 나는 5학년이야. ＿＿＿＿＿＿ ＿＿＿＿＿＿

4 2학년에: in ＿＿＿＿＿＿ ＿＿＿＿＿＿

  ➡ 나는 2학년이다. ＿＿＿＿＿＿ ＿＿＿＿＿＿

5 6학년에: in ＿＿＿＿＿＿ ＿＿＿＿＿＿

  ➡ 나는 6학년이다. ＿＿＿＿＿＿ ＿＿＿＿＿＿

🔒 I am (very / a little) ~.

1 약간 긴장된: a _____ _____

   ➜ 저는 약간 긴장이 돼요. _____ _____ a _____ _____ .

2 아주 피곤한: _____ _____

   ➜ 나는 아주 피곤해. _____ _____ _____ _____

3 약간 더운: _____ _____

   ➜ 전 약간 더워요. _____ _____ _____ _____

4 아주 신난(흥분된): _____ _____

   ➜ 나는 아주 신나(흥분돼). _____ _____ _____

5 조금 무서운: _____ _____

   ➜ 저는 조금 무섭네요. _____ _____ _____

🔒 Are you ~ now?

1 당신은 지금 슬퍼요. _____ _____ _____

   ➜ 당신은 지금 슬퍼요? _____ _____ _____

2 너는 매우 졸리다. _____ _____ _____

   ➜ 너는 매우 졸리니? _____ _____ _____

3 당신은 지금 화가 났어요. _____ _____ _____

   ➜ 지금 화가 나셨어요? _____ _____ _____

4 당신은 지금 지루합니다. _____ _____ _____

   ➜ 지금 지루합니까? _____ _____ _____

5 당신은 지금 바빠요. _____ _____ _____

   ➜ 지금 바빠요? _____ _____

패턴 1 I'm not happy with ~.

1 나의 학교에 만족한: happy _____ my _____

➡ 내 학교에 만족해요. _____

2 내 그림이 마음에 드는: _____

➡ 내 그림이 마음에 안 들어. _____

3 이 이야기가 마음에 드는: _____

➡ 이 이야기가 마음에 안 들어. _____

4 이 방에 만족한: _____

➡ 저는 이 방에 만족해요. _____

5 내 자신이 마음에 드는: _____

➡ 내 자신이 마음에 안 들어. _____

패턴 2 Are you happy with ~?

1 그 선물이 마음에 든: happy _____ the _____

➡ 너는 선물이 마음에 드니? _____

2 당신의 직업에 만족한: _____

➡ 당신 직업에 만족하세요? _____

3 네 학교 생활에 만족한: _____

➡ 너는 학교 생활에 만족하니? _____

4 네 새 자전거가 마음에 든: _____

➡ 네 새 자전거가 마음에 드니? _____

5 그 서비스에 만족한: _____

➡ 당신은 서비스에 만족하세요? _____

패턴1 I'm worried about ~.

1 나의 시험에 대하여: about _____ _____

   ➡ 나는 시험이 걱정돼. _____

2 저의 미래에 대하여: _____ _____ _____

   ➡ 전 저의 미래가 걱정이 됩니다. _____

3 내 친구들에 대하여: _____ _____ _____

   ➡ 내 친구들은 걱정이 안 돼. _____

4 그녀의 건강에 대하여: _____ _____ _____

   ➡ 저는 그녀의 건강이 걱정되네요. _____

5 그들에 대하여: _____ _____

   ➡ 저는 그들에 대해서는 걱정을 안 합니다. _____

패턴2 I'm afraid of ~.

1 거미들을 무서워하는: afraid _____ _____

   ➡ 나는 거미를 무서워해. _____ _____ _____

2 그 개를 무서워하는: _____ _____ _____

   ➡ 저는 그 개가 안 무서워요. _____

3 물에 들어가는 것을 무서워하는: _____ _____ _____ the _____

   ➡ 나는 물에 들어가기 무서워. _____

4 비행기를 탑승하는 것을 무서워하는: _____ a _____

   ➡ 저는 비행기 타는 것이 무서워요. _____

5 다치는 것을 무서워하는: _____ _____ _____

   ➡ 난 다치는 게 무섭지 않다. _____

🔒패턴1 I'm (very) sorry about ~.

1 그 실수에 관하여: about _____ _____

　➡ 그 실수는 정말 죄송해요. _____

2 어질러 놓은 것에 관하여: _____

　➡ 어질러서 미안합니다. _____

3 그것에 관하여: _____ _____

　➡ 그것 유감이네요[아쉽네요]. _____

4 그녀에 관하여: _____ _____

　➡ 그녀에 관한 일은 유감이다. _____

5 네 남동생에 관하여: _____ _____ _____

　➡ 너의 동생 일은 참으로 안 됐다. _____

🔒패턴2 I'm (very) sorry to ~.

1 당신을 귀찮게 해서: to _____ _____

　➡ 당신을 귀찮게 해서 죄송해요. _____

2 당신에게 늦게 전화를 해서: _____

　➡ 늦게 전화 드려 죄송합니다. _____

3 너를 깨워서: _____

　➡ 널 깨워서 미안해. _____

4 그 말을 듣게 되어서: _____

　➡ 그 말을 들으니 정말 유감이네요[안됐네요]. _____

5 당신의 기분을 상하게 해서: _____

　➡ 당신의 기분을 상하게 해서 미안합니다. _____

🔒 I'm so glad to ~.

1 그 말을 듣게 되어: _____ _____ _____

  ➡ 그 말을 들으니 무척 기쁩니다. _____

2 여기 있게 되어: _____ _____ _____

  ➡ 여기 있게 되어 기뻐요. _____

3 집에 다시 돌아와서: _____ _____ _____

  ➡ 집에 다시 돌아와서 너무 기뻐. _____

4 너와 이야기할 수 있어서: _____ _____ _____

  ➡ 너와 이야기할 수 있어서 기뻐. _____

5 너를 돕게 되어서: _____ _____ _____

  ➡ 너를 돕게 되어 기뻐. _____

🔒 I'm ready to ~.

1 지금 시작할: to _____ _____

  ➡ 저 지금 시작할 준비가 되었어요[시작할게요]. _____

2 지금 당신을 도울: _____ _____ _____

  ➡ 지금 당신을 도울 준비가 되어 있어요[도울게요]. _____

3 주문할: _____ _____

  ➡ 저 주문할 준비가 되었어요[주문할게요]. _____

4 학교에 갈: _____ _____ _____

  ➡ 전 학교에 갈 준비가 안 됐어요. _____

5 네게 말해 줄: _____ _____ _____

  ➡ 난 네게 말해 줄 준비가 안 됐어. _____

🔒 패턴 1 Please be ~.

1 조용히 하다: be _____

　➡ 조용히 해 주세요. _____ _____

2 행복하다: _____ _____

　➡ 행복해라! _____ _____

3 앉아있다: _____ _____

　➡ 앉아 주세요. _____ _____

4 제시간[정각]에 와 있다: _____ _____

　➡ 제시간에 와. _____ _____

5 나와 같이 있다: be _____ _____

　➡ 저와 같이 있어 주세요. _____ _____

🔒 패턴 2 Don't be so ~.

1 너무 떠드는: _____ _____

　➡ 그렇게 떠들지 마. _____

2 너무 늦은: _____ _____

　➡ 너무 늦지 마. _____ _____

3 너무 긴장한: _____ _____

　➡ 너무 긴장하지 마. _____

4 너무 흥분한: _____ _____

　➡ 너무 흥분하지 마. _____

5 너무 두려운: _____ _____

　➡ 너무 두려워 말아라. _____

🔒 패턴 1 This is my ~.

1 우리 오빠, Tom: my _____, _____

   ➡ 여기는 우리 오빠, Tom이야. _____ _____ _____ _____, _____

2 내 친구, Mary: _____ _____, _____

   ➡ 얘는 내 친구, Mary야. _____ _____ _____ _____, _____

3 제 아버지: _____ _____

   ➡ 이분은 제 아버지이십니다. _____ _____ _____ _____

4 우리 언니: _____ _____

   ➡ 이 사람은 우리 언니입니다. _____ _____ _____ _____

5 내 사촌: _____ _____

   ➡ Kate, 얘는 내 사촌이야. Kate, _____ _____ _____ _____.

🔒 패턴 2 These are my ~.

1 나의 부모님: _____ _____

   ➡ 이분들은 저의 부모님이십니다. _____ _____ _____

2 나의 새 친구들: _____ _____

   ➡ 이들은 나의 새 친구들이야. _____ _____ _____

3 내 새 신발: _____ _____

   ➡ 이것은 내 새 신발이야. _____ _____

4 내가 가장 좋아하는 것들: _____ _____

   ➡ 이것은 내가 가장 좋아하는 것들이야. _____ _____

5 나의 안경: _____ _____

   ➡ 이건 내 안경이 아니야. _____ _____

🔒 **Hello, this is ~ speaking.**

1　이 사람은 폴 스미스(Paul Smith)입니다. This is _____ _____.

　➡ 여보세요, 저는 폴 스미스입니다.: Hello, _____.

2　이 사람은 제인 브라운(Jane Brown)입니다. _____

　➡ 여보세요, 제인 브라운입니다. _____, _____

3　15호실 사라(Sarah): _____ in _____ 15

　➡ 여보세요, 15호실 사라입니다. _____, _____ 15.

4　여러분의 기장: _____ _____

　➡ (비행기에서) 저는 여러분의 기장입니다. _____

5　이곳은 경찰서입니다. _____ _____ the _____

　➡ 여보세요, 경찰서인가요? _____, _____

🔒 **This is my ~**

1　나의 첫 방문: my _____ _____

　➡ 전 이번이 첫 방문입니다. _____

2　제 자리(좌석): _____ _____

　➡ 이건 제 자리입니다. _____ _____ _____

3　제 사이즈: _____ _____

　➡ 이건 제 사이즈예요[제게 꼭 맞아요]. _____

4　나의 정류장: _____ _____

　➡ 이번이 제(가 내릴) 정류장이에요. _____

5　내 이름: _____ _____

　➡ 이것은 내 이름이 아니야. _____

🔒 패턴 1 He is ____'s ~.

1 Jane의 아버지: _____ _____

   ➡ 그는 Jane의 아버지예요. _____ _____ _____

2 Bob의 롤 모델: _____ _____ _____

   ➡ 그는 Bob의 롤 모델[본보기]입니다. _____ _____ _____

3 Jack의 형들: _____ _____

   ➡ 그들은 Jack의 형들이야. _____ _____ _____

4 Tom의 가장 친한 친구: _____ _____ _____

   ➡ 그는 Tom의 가장 친한 친구가 아니야. _____ _____ not _____ _____ .

5 Peter의 아이들: _____ _____

   ➡ 그들은 Peter의 아이들이 아니다. _____ _____ _____

🔒 패턴 2 Is he / she really ~?

1 정말 바쁜: _____ _____

   ➡ 그는 정말 바빠? _____ _____ _____

2 정말 배가 부른: _____ _____

   ➡ 그녀는 정말 배가 부르니? _____ _____ _____

3 정말 아픈: _____ _____

   ➡ 그는 정말 아파? _____ _____ _____

4 정말로 더 좋아진: _____ _____

   ➡ 그녀는 정말로 더 좋아진 거야? _____ _____

5 정말로 살아있는: _____ _____

   ➡ 그는 정말로 살아있어? _____ _____

🔒 패턴 1 We're / I'm going to ~.

1 외식하다: to _____ _____

   ➡ 우리는 외식을 할 예정입니다. _____

2 전철을 타다: _____ _____ _____

   ➡ 우리는 전철을 탈 거야. _____

3 집에 머물다: _____ _____ _____

   ➡ 나는 집에서 머물 생각이야. _____

4 살을 빼다: _____ _____ _____

   ➡ 저는 살을 뺄 거예요. _____

5 그를 다시 만나다: _____ _____ _____

   ➡ 그를 다시 만날 거니? _____

🔒 패턴 2 I'm not going to ~.

1 포기하다: to _____ _____

   ➡ 저는 포기하지 않을 거예요. _____

2 거짓말하다: _____ a _____

   ➡ 거짓말하지 않을 거예요. _____

3 혼자 있다: _____ _____ _____

   ➡ 난 혼자 있지 않을 거야. _____

4 그것을 먹다: _____ _____ _____

   ➡ 전 그것을 먹지 않을 거예요. _____

5 당신을 초대하다: _____ _____ _____

   ➡ 전 당신을 초대하지 않을 거예요. _____

🔒 Is there a ~ nearby?

1 가까이에 화장실 하나: a _____ _____

➡ 가까이에 화장실이 있어? _____

2 근처에 슈퍼마켓 하나: _____ _____

➡ 근처에 슈퍼마켓이 있어요? _____

3 주변에 도서관 하나: _____ _____

➡ 이 주변에 도서관이 있니? _____

4 근처에 은행 하나: _____ _____

➡ 이 근처에 은행이 있다. _____

5 근처에 서점 하나: _____ _____

➡ 근처에 서점이 없다. _____

🔒 There are so many ~.

1 매우 많은 재미있는 책들: so _____ _____ _____

➡ 재미있는 책이 참 많다. _____

2 진짜 많은 사람들: _____ _____ _____

➡ 사람들이 진짜 많아요. _____

3 너무 많은 시험들: _____ _____ _____

➡ 시험이 너무 많아요. _____

4 너무 많은 해야 할 일들: _____ _____ _____

➡ 할 일이 너무 많다. _____

5 물어볼 많은 질문들: _____ _____ _____

➡ 질문할 게 무척 많아요. _____

🔒 패턴 1 I'm 동사-ing ~ now.

1 책을 읽고 있는: ＿＿＿＿＿＿ a ＿＿＿＿＿＿

➡ 저는 지금 독서 중입니다. ＿＿＿＿＿＿＿＿＿＿＿＿＿＿＿

2 선물을 사고 있는: ＿＿＿＿＿ ＿＿＿＿＿＿ ＿＿＿＿＿

➡ 난 지금 선물을 사고 있어. ＿＿＿＿＿＿＿＿＿＿＿＿＿＿

3 집에 가고 있는: ＿＿＿＿＿ ＿＿＿＿＿

➡ 저는 지금 집에 가는 중입니다. ＿＿＿＿＿＿＿＿＿＿＿＿＿

4 내 신발을 벗고 있는: ＿＿＿＿＿＿＿＿＿＿＿＿＿＿＿＿

➡ 난 지금 신발을 벗고 있는 중이야. ＿＿＿＿＿＿＿＿＿＿＿

5 제 안경을 찾고 있는: ＿＿＿＿＿＿＿＿＿＿＿＿＿＿＿＿

➡ 저는 지금 제 안경을 찾고 있어요. ＿＿＿＿＿＿＿＿＿＿＿

🔒 패턴 2 Are you still 동사-ing ~?

1 여기서 일하고 있는: ＿＿＿＿＿ ＿＿＿＿＿＿

➡ 당신은 아직도 여기서 일하고 계세요? ＿＿＿＿＿＿＿＿＿＿

2 그 게임을 하고 있는: ＿＿＿＿＿＿ ＿＿＿＿＿ ＿＿＿＿＿

➡ 너 아직도 그 게임을 하고 있어? ＿＿＿＿＿＿＿＿＿＿＿＿

3 서울에 살고 있는: ＿＿＿＿＿ ＿＿＿＿＿＿ ＿＿＿＿＿

➡ 너 아직 서울에 살고 있니? ＿＿＿＿＿＿＿＿＿＿＿＿＿

4 네 전화기를 사용하고 있는: ＿＿＿＿＿ ＿＿＿＿＿ ＿＿＿＿＿

➡ 넌 아직 그 전화기를 쓰고 있어? ＿＿＿＿＿＿＿＿＿＿＿

5 당신 차례를 기다리고 있는: ＿＿＿＿＿＿＿＿＿＿＿＿＿＿

➡ 아직도 차례를 기다리는 중이신가요? ＿＿＿＿＿＿＿＿＿＿

🔒 I really feel like ~.

1 춤추기를 좋아하다: like _____

➡ 정말 춤을 추고 싶은 기분이야. _____

2 콧노래 부르기를 좋아하다: _____ _____

➡ 콧노래를 부르고 싶은 기분입니다. _____

3 뭔가 먹는 것을 좋아하다: _____ _____

➡ 난 진짜 뭔가 먹고 싶어. _____

4 오늘 밤에 이야기하기를 좋아하다: _____

➡ 난 오늘 밤에 얘기를 하고 싶어. _____

5 수영하러 가는 것을 좋아하다: _____

➡ 난 수영하러 가고 싶어. _____

🔒 I don't feel like ~.

1 지금 먹기: eating _____

➡ 저 지금은 먹고 싶지 않은데요. _____

2 아무것을 하기: _____ _____

➡ 전 아무것도 하고 싶지 않아요. _____

3 나의 친구들과 놀기: _____

➡ 난 친구들과 놀 기분이 아냐. _____

4 오늘 공부하기: _____

➡ 오늘은 공부할 마음이 나지 않는다. _____

5 학교에 가기: _____

➡ 난 학교 갈 기분이 아니다. _____

패턴1 I have ~.

1 두 형제: _____ _____

    ➜ 나는 형제가 둘이다. _____ _____ _____

2 한 가지 생각: _____ _____

    ➜ 생각이 났어(내게 생각이 있어). _____ _____ _____

3 종이 몇 장: _____ _____

    ➜ 난 종이가 몇 장 있어요. _____ _____ _____

4 나의 여권: _____ _____

    ➜ 전 제 여권이 없어요. _____ _____ _____

5 시간이 있다: have _____

    ➜ 난 지금 시간이 없다. _____ _____ _____

패턴2 Do you have any ~?

1 애완동물을 좀 기르다: have some _____

    ➜ 애완동물 기르는 것 있어요? _____ _____

2 아이디어가 좀 있다: _____ some _____

    ➜ 아이디어가 있으십니까? _____ _____

3 취미가 있다: _____ some _____

    ➜ 취미가 있니? _____ _____

4 질문이 좀 있다: _____ _____

    ➜ 질문 있어요? _____ _____

5 계획이 좀 있다: _____ _____ _____

    ➜ 계획이 있으십니까? _____ _____

🔒 패턴 1 I have / He has a ~.

1 독감: a _____ _____

   ➜ 나는 독감에 걸렸어. _____ _____ _____

2 뻐근한 목: _____ _____ _____

   ➜ 그는 목이 뻣뻣해요[뻐근해요]. _____ _____

3 흐르는 콧물: a _____ _____

   ➜ 나는 콧물이 나요. _____ _____

4 따끔거리는 목: _____ _____

   ➜ 나는 목이 아파요[따끔거려요]. _____ _____

5 고열: _____ _____ _____

   ➜ 나는 열이 높아요. _____ _____

🔒 패턴 2 Does it have ~?

1 검은 점들을 가지고 있다: have _____ _____

   ➜ 그것은 검은 점들이 있나요? _____ _____ _____

2 긴 털을 가지고 있다: _____ _____ _____

   ➜ 그것은 털이 길어요? _____ _____

3 작은 입을 가지고 있다: _____ a _____

   ➜ 그것은 입이 작니? _____ _____

4 큰 눈을 가지고 있다: _____

   ➜ 그것은 눈이 크니? _____ _____

5 냄새를 잘 맡는 코를 가지고 있다: _____ _____ _____

   ➜ 그것은 냄새를 잘 맡니? _____ _____

🔒 I have ~ for breakfast.

1 아침식사로 시리얼: ＿＿＿＿＿ ＿＿＿＿＿ ＿＿＿＿＿

   ➡ 저는 아침식사로 시리얼을 먹어요. ＿＿＿＿＿＿＿＿＿＿＿＿＿＿＿＿＿

2 아침으로 샌드위치: ＿＿＿＿＿ ＿＿＿＿＿ ＿＿＿＿＿

   ➡ 난 아침으로 샌드위치를 먹어. ＿＿＿＿＿＿＿＿＿＿＿＿＿＿＿＿＿

3 아침으로 아무것도: ＿＿＿＿＿ ＿＿＿＿＿ ＿＿＿＿＿

   ➡ 저는 아침으로 아무것도 안 먹어요. ＿＿＿＿＿＿＿＿＿＿＿＿＿＿＿

4 아침으로 밥과 국: ＿＿＿＿＿ and ＿＿＿＿＿＿＿＿

   ➡ 아침으로 밥과 국을 먹었어요. ＿＿＿＿＿＿＿＿＿＿＿＿＿＿＿＿

5 아침으로 달걀 프라이: a ＿＿＿＿＿＿＿＿＿＿＿＿＿＿

   ➡ 아침으로 달걀 프라이를 먹었어요. ＿＿＿＿＿＿＿＿＿＿＿＿＿＿

🔒 Have a good ~.

1 숙면: a ＿＿＿＿＿ ＿＿＿＿＿

   ➡ 잘 자. ＿＿＿＿＿ ＿＿＿＿＿ ＿＿＿＿＿

2 좋은 주말: ＿＿＿＿＿ ＿＿＿＿＿＿＿＿

   ➡ 주말 잘 보내세요. ＿＿＿＿＿＿＿＿＿＿＿＿＿＿＿＿

3 좋은 하루: ＿＿＿＿＿ ＿＿＿＿＿＿＿＿

   ➡ 좋은 하루 보내세요. ＿＿＿＿＿＿＿＿＿＿＿＿＿＿

4 좋은 여행: ＿＿＿＿＿ ＿＿＿＿＿＿＿＿＿

   ➡ 여행 잘 다녀와! ＿＿＿＿＿＿＿＿＿＿＿ ＿＿＿＿＿＿＿

5 즐거운 비행: ＿＿＿＿＿＿＿＿＿＿ ＿＿＿＿＿

   ➡ 즐거운 비행 하세요. ＿＿＿＿＿＿＿＿＿＿＿＿＿＿

패턴1 I know ~.

1 그녀를 안다: know _____

   ➡ 저는 그녀를 알아요. _____

2 이 게임을 안다: _____ _____

   ➡ 나는 이 게임 알아. _____

3 그의 주소를 안다: _____ _____

   ➡ 난 그의 주소를 알아요. _____

4 과학에 대해 안다: _____

   ➡ 난 과학에 대해 안다. _____

5 그 소문에 대해 안다: _____

   ➡ 나는 그 소문에 대해 알고 있다. _____

패턴2 Do you hear ~?

1 빗소리를 듣는다: _____

   ➡ 빗소리가 들리지? _____

2 그 목소리를 듣는다: _____ _____

   ➡ 목소리가 늘리니? _____

3 화재 경보를 듣는다: _____

   ➡ 너희는 화재 경보가 들리니? _____

4 사람들이 노래하는 것을 듣는다:

   ➡ 당신은 사람들이 노래하는 게 들리는가? _____

5 Tom에게서 소식을 듣는다: _____ _____

   ➡ 너는 Tom에게서 소식을 듣고 있니? _____

🔒 패턴1 You look ~ today.

1 피곤해 보이다: look _____

➡ 너 오늘 피곤해 보인다. _____

2 불안해 보이다: _____ _____

➡ 너 오늘 불안해 보여. _____

3 안색이 안 좋아 보이다: _____ _____

➡ 당신 오늘 창백해 보여요. _____

4 행복해 보이다: _____ _____

➡ 오늘 행복해 보이네. _____

5 바빠 보이다: _____ _____

➡ 오늘은 안 바빠 보이네. _____

🔒 패턴2 You look like ~.

1 너의 엄마처럼: like _____ _____

➡ 너는 엄마랑 닮았구나. _____

2 아버지와 아들처럼: _____ and _____

➡ 당신들은 부자간 같아 보여요. _____

3 바보처럼: _____ _____

➡ 너는 바보 같아 보여. _____

4 패션모델처럼: _____

➡ 패션모델 같아 보이세요. _____

5 좋은 사람처럼: _____

➡ 너는 좋은 사람 같아 보인다. _____

🔒 패턴 1 I like your ~ very much.

1 네 새 코트: _____ _____ _____

➡ 난 네 새 코트가 아주 마음에 들어. _____

2 네 목소리: _____ _____

➡ 난 네 목소리가 참 좋아. _____

3 네 헤어스타일: _____ _____

➡ 난 네 헤어스타일이 참 마음에 든다. _____

4 네 아이디어: _____ _____

➡ 난 네 아이디어가 아주 좋아. _____

5 네 여동생: _____ _____

➡ 난 네 여동생을 아주 좋아해. _____

🔒 패턴 2 I don't like to ~.

1 이것을 하기: to _____ _____

➡ 저는 이것을 하기 싫어요. _____

2 말을 많이 하기: _____ a _____

➡ 난 말을 많이 하는 것을 좋아하지 않아. _____

3 생선 먹기: _____

➡ 전 생선은 안 먹고 싶어요. _____

4 너랑 싸우기: _____ _____ _____

➡ 난 너랑 싸우고 싶지 않아. _____

5 기차 여행 하기: _____ _____ _____

➡ 저는 기차 여행하는 것을 좋아해요. _____

🔒 I'd like some ~, please.

1 따뜻한 물 좀: _____ _____ _____

  ➡ 따뜻한 물 좀 주세요. _____ , _____

2 김치 좀 더: _____ _____ _____

  ➡ 김치를 좀 더 주세요. _____ , _____

3 꽃 좀: _____ _____

  ➡ 꽃을 좀 주세요. _____ , _____

4 아이스크림 좀: _____ _____

  ➡ 아이스크림 좀 주세요. _____ , _____

5 핫도그 위에 케첩 좀: _____ the _____

  ➡ 핫도그 위에 케첩 좀 발라 주세요. _____ , _____

🔒 I'd like to ~.

1 당신을 돕기: to help _____

  ➡ 저는 당신을 도와드리고 싶어요. _____

2 Jane에게 말하기: to _____ _____ Jane

  ➡ Jane과 얘기하고 싶습니다. _____

3 체크아웃하기: _____ _____

  ➡ 체크아웃하고 싶습니다. _____

4 당신의 친구가 되기: _____ _____

  ➡ 당신의 친구가 되고 싶어요. _____

5 모자(hat)를 사기: _____ _____ a _____

  ➡ 모자를 사고 싶습니다. _____

🔒 패턴 1 Let's ~ soon.

1 모이다: _____ _____

   ➡️ 곧 모이자. _____ _____

2 점심을 먹다: _____ _____

   ➡️ 조만간 점심을 먹어요. _____ _____

3 곧 떠나다: _____ _____

   ➡️ 곧 떠납시다. _____

4 그것을 하다: _____ _____

   ➡️ 어서 하자. _____

5 돌아가다: _____ _____

   ➡️ 돌아가지 말자. _____

🔒 패턴 2 Let me ~.

1 나는 생각한다. I _____

   ➡️ (잠깐) 생각 좀 해 보고 (대답할게). _____

2 내가 본다. _____ _____

   ➡️ 어디 보자[글쎄다]. _____ _____ _____

3 내가 너의 전화기를 쓴다. _____

   ➡️ 내가 네 전화 좀 쓸게. _____

4 나는 그것을 먹는다.(have) _____

   ➡️ 그걸 먹을게요. _____

5 내가 내 자신을 소개한다. _____

   ➡️ 제 소개를 할게요. _____

🔒패턴 1 I need ~.

1 먹을 것: _____ _____ _____

　　➡ 난 먹을 게 필요해(배고파). _____

2 더 큰 치수: a _____ _____

　　➡ 한 치수 큰 것을 주세요. _____

3 약간의 운동: _____ _____

　　➡ 난 운동 좀 해야겠어. _____

4 선물을 사기: to _____ a _____

　　➡ 난 선물을 사야 해. _____

5 지금 가기: to _____ _____

　　➡ 난 지금 가야 해. _____

🔒패턴 2 You don't need to ~.

1 나를 기다려주기: to _____ for me

　　➡ 넌 나를 기다려 줄 필요가 없어. _____

2 우리에게 말하기: _____ _____

　　➡ 넌 우리에게 말할 필요 없어. _____

3 겁먹기: _____ _____

　　➡ 당신은 무서워할 필요가 없어요. _____

4 지금 떠나기: _____ _____

　　➡ 넌 지금 떠날 필요 없잖아. _____

5 저녁을 요리하기: _____ _____

　　➡ 네가 저녁을 할 필요가 있니? _____

🔒 패턴1 I / He usually take / takes ~.

1 쉬다: _____ a _____

➡ 나는 보통 저녁에 쉰다. _____

2 샤워를 하다: _____ _____

➡ 저는 보통 아침에 샤워를 해요. _____

3 낮잠을 자다: take _____ _____

➡ 그는 보통 오후에 낮잠을 자. _____

4 목욕을 하다: _____ _____

➡ 그는 보통 밤에 목욕을 해요. _____

5 강좌를 듣다: _____ _____

➡ 그는 보통 야간 강좌를 듣는다. _____

🔒 패턴2 We took ~ yesterday.

1 택시를 타다: _____ _____

➡ 우리는 어제 택시를 탔어요. _____

2 간단한 시험을 보다: _____ a _____

➡ 우리는 어제 간단한 시험을 봤다. _____

3 사진을 찍다: take _____ _____

➡ 우리는 어제 사진을 찍었다. _____

4 여행을 떠나다· _____

➡ 우리는 어제 여행을 떠났다. _____

5 수학 시험을 보다: _____ _____

➡ 우리는 어제 수학 시험을 봤어요. _____

🔒 Thanks a lot for ~.

1 모든 것에 대해: for _____

➡ 모든 것 다 정말 고마워. _____

2 태워준 것에 대해: _____ the _____

➡ 태워줘서 정말 고마워. _____

3 너의 시간에 대해: _____ _____ _____

➡ 시간을 내줘서 정말 고마워요. _____

4 그 책에 대해: _____ _____ _____

➡ 그 책 정말 고마워. _____

5 그 초대에 대해: _____ _____ _____

➡ 초대 정말 고마워요. _____

🔒 Thank you for ~.

1 다시 전화해준 것에 대해: for _____ _____

➡ 다시 전화 주셔서 고맙습니다. _____

2 나를 초대해 준 것에 대해: _____ _____ _____

➡ 절 초대해 주셔서 감사합니다. _____

3 오늘 와주신 것에 대해: _____ _____ _____

➡ 오늘 와주셔서 고맙습니다. _____

4 그렇게 말해준 것에 대해: _____ _____ _____

➡ 그렇게 말씀해주시니 감사합니다. _____

5 들어준 것에 대해: _____ _____

➡ 들어주셔서 감사해요. _____

🔒 패턴 1 I think ~.

1 이것은 충분하다. This _____ _____.

➡ 이거면 충분하다고 생각해. _____

2 그것이 좋아 보인다. _____ _____ _____

➡ 난 (그것이) 좋아 보이는 것 같아. _____

3 네가 옳다. _____ _____

➡ 난 네가 옳다고 생각해. _____

4 그것은 너무 크다. _____ _____ _____

➡ 그건 너무 큰 것 같아요. _____

5 그들이 올 것이다. _____ _____

➡ 난 그들이 올 거라고 생각한다. _____

🔒 패턴 2 I don't believe ~.

1 그가 내게 거짓말을 했다. He _____ _____

➡ 난 그가 내게 거짓말을 했다는 것을 안 믿어. _____

2 그것은 실수이다. _____ a _____.

➡ 나는 그게 실수라고 믿어요. _____

3 그녀가 그것을 했다. _____

➡ 난 그녀가 그것을 했다고 믿지 않는다. _____

4 그는 죽었다. _____ _____

➡ 전 그가 죽었다는 것을 안 믿어요. _____

5 너는 뉴욕 출신이다. _____

➡ 난 당신이 뉴욕 출신이라는 것을 믿어요. _____

🔒 패턴 1 I don't want to ~.

1 네 말을 듣기: to _____ to _____

　➡ 난 네 말 듣고 싶지 않아. _____ _____ _____

2 널 아프게 하기: _____ _____ _____

　➡ 난 널 아프게 하고 싶지 않아. _____

3 그녀를 보기: _____ _____ _____

　➡ 저는 그녀를 보고 싶지 않아요. _____ _____ _____

4 그것에 관해 말하기: _____ _____ _____ it

　➡ 나 그것에 관해 말하고 싶지 않아. _____ _____

5 공부하기: _____ _____

　➡ 그녀는 공부하고 싶지 않다. _____ _____ _____

🔒 패턴 2 Do you want to ~?

1 춤 추기: to _____

　➡ 춤 추고 싶어요? _____ _____ _____

2 지금 점심을 먹기: _____ _____ _____

　➡ 지금 점심을 먹고 싶니? _____ _____ _____

3 행복하게 살기: _____ _____ _____

　➡ 당신은 행복하게 살고 싶어요? _____

4 더 똑똑해지기: _____ _____

　➡ 넌 더 똑똑해지기를 원하니? _____

5 집에 가기: _____ _____ _____

　➡ 너는 집에 가고 싶어? _____ _____ _____

🔒 패턴 1 주어 can ~.

1 네가 그것을 한다. You _____ _____.

→ 너는 그것을 할 수 있어! _____

2 Mary가 자전거를 탄다. Mary _____ a _____

→ Mary는 자전거를 탈 수 있어요. _____

3 우리가 시험에 통과한다. _____

→ 우리는 시험을 통과할 수 있어. _____

4 Bob이 그림을 그린다. Bob _____ _____

→ Bob이 그림을 그릴 수 있다. _____

5 그들이 우리와 함께 온다. _____

→ 그들이 우리와 함께 올 수 있다. _____

🔒 패턴 2 주어 can't ~.

1 나는 혼자 힘으로 그 상자를 옮긴다. I carry _____ _____ by _____.

→ 저는 그 상자를 혼자 힘으로 옮길 수 없어요. _____

2 John은 제시간에 여기 온다. John _____ _____ in _____.

→ John은 제시간에 여기에 올 수 없어요. _____

3 우리는 오래 이야기를 한다. _____

→ 우리는 오래 이야기를 못 해. _____

4 Jane은 질문에 답한다. _____ a _____.

→ Jane은 질문에 답할 수 없어요. _____

5 내 가방을 찾는다. _____

→ 내 가방을 못 찾겠어요. _____

🔒 패턴 1 Can I ~?

1　내가 너를 돕는다. I _____ _____ .

　➡ 내가 도와줄까? _____

2　내가 당신의 주문을 받는다. I _____ _____ .

　➡ 주문 받아 드릴까요? _____

3　내가 네 옆에 앉는다. I _____ _____ .

　➡ 당신 옆에 앉아도 될까요? _____

4　내가 이것을 입어본다. I _____ _____ .

　➡ 이거 입어봐도 될까요? _____

5　내가 이 책을 빌린다. _____ _____ .

　➡ 이 책 좀 빌릴 수 있을까? _____

🔒 패턴 2 Could I ~, please?

1　내가 너의 화장실을 쓴다. I _____ _____ .

　➡ 당신의 화장실 좀 써도 되겠습니까? _____ , _____

2　내가 내일 시험을 본다. _____ _____ .

　➡ 시험을 내일 봐도 되겠습니까? _____ , _____

3　내가 너의 사진을 찍는다. _____ _____ .

　➡ 당신 사진을 찍어도 되겠습니까? _____ , _____

4　내가 당신의 전화번호를 갖고 있다. _____ your _____ .

　➡ 당신 전화번호를 알 수 있겠습니까? _____ , _____

5　내가 메뉴를 본다. _____ _____ a _____ .

　➡ 메뉴를 볼 수 있겠습니까? _____ , _____

🔒 Can you help me with ~?

1 나의 가방들로: with _____ _____

  ➡ 가방들 (드는 것) 좀 도와줄래?

2 설거지(접시들)로: _____ _____ _____

  ➡ 설거지 (하는 것) 좀 도와줄래?

3 그 의자들로: _____ _____ _____

  ➡ 의자 (옮기는 것) 좀 도와줄 수 있어? _____

4 저녁으로: _____ _____

  ➡ 저녁 (하는 것) 좀 도와 줄래요? _____

5 이 문제로: _____ _____ _____

  ➡ 이 문제 (푸는 것) 좀 도와줄래?

🔒 Could you please ~?

1 당신이 이것을 본다. You look _____ _____.

  ➡ 이것 좀 봐주시겠습니까? _____

2 당신이 내 부탁을 들어준다. You _____ _____ a _____.

  ➡ 제 부닥 하나 들어주실래요?

3 당신이 그것을 다시 말한다. _____

  ➡ 다시 말씀해 주시겠습니까? _____

4 당신이 당신의 안전벨트를 맨다. _____

  ➡ 안전벨트를 매주시겠습니까? _____

5 당신이 창문을 닫는다. _____ _____ the _____.

  ➡ 창문 좀 닫아주실래요?

🔒 패턴1 주어 will / won't ~.

1 나는 일찍 자러 간다. I _____ _____ _____.

  ➡ 나는 일찍 잘 거예요. _____

2 그들은 도착한다. _____ _____

  ➡ 그들은 곧 도착할 거야. _____

3 그는 약속을 지킨다. _____ _____ his _____.

  ➡ 그는 약속을 지킬 거예요. _____

4 우리는 최선을 다한다. _____

  ➡ 우리는 최선을 다할 거예요. _____

5 그녀는 우리에게 거짓말을 한다. _____

  ➡ 그녀는 우리에게 거짓말하지 않을 거야. _____

🔒 패턴2 Will you ~?

1 너는 우리와 같이 간다. You _____

  ➡ 우리랑 같이 갈 거야? _____

2 너는 우리 클럽에 가입한다. _____

  ➡ 우리 클럽에 가입할래요? _____

3 너는 오늘밤 집에 있다. _____ are _____.

  ➡ 너 오늘밤 집에 있을 거니? _____

4 너는 나에게 너의 자전거를 빌려준다. _____ _____ your _____.

  ➡ 네 자전거 좀 빌려줄래? _____

5 너는 그 책을 읽는다. _____ _____ _____

  ➡ 그 책 읽을 거야? _____

🔒 패턴 1 주어 may (not) ~.

1 네가 틀렸다. You are _____.

➡ 네가 틀릴지도 몰라. _____ _____ _____

2 우리가 이번에 이길 것이다. We will _____ _____ _____.

➡ 우리가 이번에 이길지도 몰라. _____

3 금요일에 비가 올 것이다. It will _____ on _____.

➡ 금요일에 비가 올지도 몰라요. _____

4 그들이 말하기를 원한다. _____ _____ to _____.

➡ 그들이 대화를 원치 않을 수도 있어. _____

5 Mary는 그렇게 생각한다. Mary _____.

➡ Mary가 그렇게 생각 안 할 수도 있어. _____

🔒 패턴 2 May I ~?

1 난 불을 켠다. I _____.

➡ 불을 켜도 될까요? _____

2 난 문을 연다. I _____.

➡ 분을 솜 열어도 되겠습니까? _____

3 난 당신의 펜을 빌린다. I _____.

➡ 펜을 좀 빌려도 될까요? _____

4 난 둘러본다. I _____.

➡ 좀 둘러봐도 될까요? _____

5 난 나의 자리를 바꾼다. I _____.

➡ 자리를 좀 바꿔도 되겠습니까? _____

🔒 패턴1 주어 have to ~.

1 나는 최선을 다한다. I _____ my _____.

    ➡ 나는 최선을 다해야 해. _____ _____

2 너는 쉰다. _____ _____

    ➡ 당신은 쉬어야 합니다. _____

3 우리는 여기서 갈아탄다. _____ _____

    ➡ 우리는 여기서 갈아타야 해. _____

4 너는 네 어머니께 말씀 드린다. _____

    ➡ 너는 어머니께 말씀 드려야 해. _____

5 우리는 시간을 바꾼다. _____

    ➡ 우리는 시간을 바꿔야 합니다. _____

🔒 패턴2 주어 has to ~.

1 그녀는 여권을 가지고 있다. _____ _____ her _____.

    ➡ 그녀는 여권을 가지고 있어야 해요. _____ _____

2 오늘이다. It _____ _____.

    ➡ (시간) 오늘이어야 해. _____

3 그는 선택을 할 것이다. _____ will _____.

    ➡ 그는 선택을 해야 합니다. _____

4 그녀는 그만 둘 것이다. _____ will _____.

    ➡ 그녀는 그만둬야 해요. _____

5 그것은 내일 여기 도착할 것이다. _____ will _____.

    ➡ 그것은 내일 여기 도착해야 해요. _____

🔒 주어 don't have to ~.

1 당신은 여기 있어야만 한다. You _____ _____ _____ _____.

  ➡ 당신은 여기에 있을 필요가 없어요. _____

2 당신은 소리쳐야만 한다. _____ _____

  ➡ 당신은 소리칠 필요가 없어요. _____

3 그들은 서둘러야만 한다. _____

  ➡ 그들은 서두를 필요가 없다. _____

4 우리는 걱정해야만 한다. _____

  ➡ 우리는 걱정할 필요가 없어요. _____

5 너는 그렇게 말해야 한다. _____

  ➡ 넌 그렇게 말할 필요가 없어. _____

🔒 주어 doesn't have to ~.

1 그녀는 그 책을 읽어야만 한다. _____ has _____.

  ➡ 그녀는 그 책을 읽을 필요가 없어요. _____

2 그녀는 너와 같이 가야 한다. _____

  ➡ 그녀는 너와 같이 갈 필요가 없나. _____

3 그것은 화려해야만 한다. _____

  ➡ 그것은 화려할 필요가 없어. _____

4 그는 지하철을 바꿔 타야만 한다. _____

  ➡ 그는 지하철을 바꿔 탈 필요가 없어. _____

5 그는 더 오래 기다려야만 한다. _____

  ➡ 그는 더 이상 기다릴 필요가 없어요. _____

🔒 패턴1 Do 주어 have to ~?

1 나는 그것을 다시 해야 한다. I _____.

→ 제가 그것을 다시 해야 해요? _____

2 우리는 여기 서 있어야 한다. _____

→ 우리가 여기 서 있어야 해? _____

3 너는 아주 잔인해야 한다. _____

→ 너는 그렇게 잔인하게 굴어야 해? _____

4 당신은 여기 있어야 한다. _____

→ 당신은 여기에 있어야 하나요? _____

5 그들은 우리와 함께 지내야 한다. _____

→ 그들이 우리와 함께 지내야 하나요? _____

🔒 패턴2 Does 주어 have to ~?

1 그녀는 여기서 기다려야 한다. She has _____.

→ 그녀는 여기서 기다려야 합니까? _____

2 Mary가 당신을 차로 데리러 가야 한다. _____

→ Mary가 당신을 차로 데리러 가야 해요? _____ Mary _____ ?

3 그것은 영어로 되어 있어야 한다. _____

→ 그것은 영어로 되어 있어야 해요? _____

4 그녀가 아기를 돌봐야 한다. _____

→ 그녀가 아기를 돌봐야 하니? _____

5 Tom이 프로그램을 설치해야 한다. _____

→ Tom이 프로그램을 설치해야 해요? _____ Tom _____ ?

🔒 패턴 1 주어 should ~.

1　다시 시작하다: _____ _____

　　➡ 우리는 다시 시작해야겠어. _____ _____ _____

2　의사를 만나다(진찰을 받다): _____ _____

　　➡ 그는 의사에게 진찰을 받아 보는 게 좋겠어. _____ _____ _____ _____

3　야채를 더 많이 먹다: _____ _____

　　➡ 그녀는 야채를 더 많이 먹어야겠어. _____ _____ _____

4　수영하는 법을 배우다: _____

　　➡ 나는 수영하는 법을 배워야겠어요. _____

5　알람을 맞추다: _____ the _____

　　➡ 너는 알람을 맞춰두는 게 좋겠어. _____

🔒 패턴 2 You shouldn't ~.

1　너는 그런 식으로 말해야 한다. You should _____ _____ _____.

　　➡ 네가 그런 식으로 말하면 안 되지. _____

2　너는 포기해야 한다. _____ _____

　　➡ 네가 포기하지 않으면 좋겠어. _____

3　너는 큰소리로 얘기해야 한다. _____

　　➡ 너는 큰소리로 얘기하면 안 돼. _____

4　너는 바로 지금 혼자 있어야 한다. _____

　　➡ 너는 지금 혼자 있지 않으면 좋겠어. _____

5　너는 학교를 빼먹어야 한다. _____

　　➡ 넌 학교를 빼먹지 말아야 한다. _____

🔒 패턴 1 I think I should ~.

1 난 좀 더 자야 한다. I _____ get _____ _____.

➡ 나는 좀 더 자야겠어. _____

2 난 그녀에게 전화를 해야 한다. I _____ _____ _____.

➡ 그녀에게 전화를 해야겠어요. _____

3 난 한번 시도는 해봐야 한다. I _____ _____ _____.

➡ 난 한번 시도는 해봐야 된다고 생각해요. _____

4 난 뭔가 말해야 한다. I _____ _____.

➡ 나도 뭔가 말해야 할 것 같다. _____

5 난 오늘 표를 예약해야만 한다. I _____.

➡ 전 오늘 표를 예약해야 할 것 같아요. _____

🔒 패턴 2 What should I / we ~?

1 나는 오늘 그것을 입어야 한다. I _____ it _____.

➡ 저 오늘 무엇을 입어야 할까요? _____

2 나는 그것을 요구해야 한다. I _____ _____ it.

➡ 전 무엇을 해 달라고 요구해야 할까요? _____

3 우리는 그것에 관해 부모님께 말씀 드려야 한다. We _____ about it.

➡ 우리는 부모님께 무엇을 말씀 드려야 할까요? _____

4 우리는 오늘 점심으로 그것을 먹어야 한다. We _____ it _____.

➡ 우리는 오늘 점심으로 뭘 먹어야 하지? _____

5 나는 헬스클럽에 그것을 가져가야 한다. I _____ it _____.

➡ 저는 헬스클럽에 무엇을 가져가야 해요? _____

🔒 패턴1 What is ~ like?

1 네 어머니: _____ _____

➡ 네 어머니는 어떤 분이시니? _____

2 너의 제일 친한 친구: _____ _____ _____

➡ 네 제일 친한 친구는 어떤 사람이야? _____

3 한국 지하철: the _____ in _____

➡ 한국 지하철은 어때? _____

4 중국에서의 생활: _____

➡ 중국에서의 생활은 어때? _____

5 여기에서 너의 학교 (생활): _____

➡ 당신의 여기 학교 생활은 어때요? _____

🔒 패턴2 What about ~?

1 당신에 관해 _____ _____

➡ 당신은 어때요? _____ _____

2 5시에 만나는 것에 관해 _____

➡ 5시에 만나는 건 어때? _____

3 이 상자에 관해 _____

➡ 이 상자는 어때[어떻게 해]? _____

4 그 아이들에 관해 _____ _____

➡ 저 아이들은 어떻게 해요? _____

5 내일 우리 시험에 관해 _____

➡ 내일 우리 시험은 어떻게 되나요? _____

🔒 패턴1 What time is ~?

1 오늘 일몰: the _____ _____

　➡ 오늘 일몰이 몇 시입니까? _____

2 내일 너의 비행기: _____ _____

　➡ 너 내일 몇 시 비행기 타니? _____

3 오늘 축구 경기: the _____ _____

　➡ 오늘 축구 경기가 몇 시죠? _____

4 면회 시간: _____ _____

　➡ 면회 시간이 몇 시입니까? _____

5 뉴욕에서: _____ _____

　➡ 뉴욕은 몇 시일까? _____

🔒 패턴2 What time do you ~?

1 보통 잠자리에 들다: usually _____

　➡ 보통 몇 시에 잠자리에 드니? _____

2 집을 나서다: _____

　➡ 몇 시에 집을 나서니? _____

3 오늘 (문을) 닫다: _____

　➡ 오늘 몇 시에 문 닫으세요? _____

4 집에 돌아오다: _____

　➡ 몇 시에 집에 돌아오니? _____

5 저녁을 먹다: _____ _____

　➡ 몇 시에 저녁을 드세요? _____

🔒 **패턴 1** What a / an ~(형용사 + 명사)!

1. 놀라운 영화 한 편: an ＿＿＿＿＿＿＿＿＿＿＿＿＿

   ➡ 정말 놀라운 영화야! ＿＿＿＿＿＿＿＿＿＿＿＿＿

2. 작은 세상: a ＿＿＿＿＿＿＿＿＿＿

   ➡ 정말 세상은 좁구나! ＿＿＿＿＿＿＿＿＿＿＿＿＿

3. 더운 날: ＿＿＿＿＿＿＿＿＿＿＿＿＿

   ➡ 정말 더운 날이야! ＿＿＿＿＿＿＿＿＿＿＿＿＿

4. 빠른 주자 한 명: a ＿＿＿＿＿＿＿＿＿＿＿

   ➡ 참으로 빠른 주자야! ＿＿＿＿＿＿＿＿＿＿＿＿＿

5. 멋진 그림들: ＿＿＿＿＿＿＿＿＿＿＿

   ➡ 정말 멋진 그림들입니다! ＿＿＿＿＿＿＿＿＿＿＿＿＿

🔒 **패턴 2** What a / an ~(명사)!

1. 수치스러운 / 애석한 일: a ＿＿＿＿＿＿＿＿＿

   ➡ 그것 참 유감이야! ＿＿＿＿＿＿＿＿＿＿＿＿＿

2. 안심: a ＿＿＿＿＿＿＿＿

   ➡ 다행이군요! ＿＿＿＿＿＿＿＿＿＿＿＿＿

3. (실망) 안된 일: a ＿＿＿＿＿＿＿＿

   ➡ 참 안됐어[불쌍해라]! ＿＿＿＿＿＿＿＿＿＿＿＿＿

4. 놀라움: a ＿＿＿＿＿＿＿＿

   ➡ 이게 웬일이야[깜짝이야]! ＿＿＿＿＿＿＿＿＿＿＿＿＿

5. 훌륭한 생각: a ＿＿＿＿＿＿＿＿＿

   ➡ 정말 좋은 생각이야! ＿＿＿＿＿＿＿＿＿＿＿＿＿

패턴1 Who is / are your ~?

1 네 아버지: _____ _____

   ➡ 누가 네 아버지시니? _____

2 네 친구들: _____ _____

   ➡ 누가 네 친구들이야? _____

3 네가 가장 좋아하는 가수들: _____ _____

   ➡ 네가 가장 좋아하는 가수들은 누구니? _____

4 네가 가장 좋아하는 축구 선수: _____ _____

   ➡ 네가 가장 좋아하는 축구 선수는 누구니? _____

5 너의 롤 모델[본보기]: _____ _____

   ➡ 너의 롤 모델[본보기]은 누구니? _____

패턴2 Who wants ~?

1 아이스크림을 원하다: want _____ _____

   ➡ 아이스크림 먹을 사람? _____

2 피자를 원하다: _____ _____

   ➡ 피자 먹을 사람? _____

3 주스를 좀 원하다: _____ some _____

   ➡ 주스 좀 마실 사람? _____

4 보드 게임을 하고 싶다: _____ to play a _____

   ➡ 누가 보드 게임 할래? _____

5 다음 차례를 원하다: _____ to be _____

   ➡ 누가 다음에 할래? _____

🔒 패턴 1 Who can ~?

1 나를 돕다: _____ _____

   ➡ 나를 도와줄 수 있는 사람? _____

2 바이올린을 켜다: _____ _____ _____

   ➡ 바이올린을 켤 줄 아는 사람? _____

3 그를 말리다: _____ _____

   ➡ 그를 말릴 수 있는 사람? _____

4 그 개를 돌보다: _____ _____ of _____ _____

   ➡ 개를 돌볼 수 있는 사람? _____

5 이것을 영어로 번역하다: _____ _____ into _____

   ➡ 이것을 영어로 번역할 수 있는 사람? _____

🔒 패턴 2 Who is going to ~?

1 그것을 사용하기: to _____ _____

   ➡ 누가 그것을 사용할 거니? _____

2 결승전에서 이기기: _____ _____

   ➡ 결승전에서 누가 이길까요? _____

3 설거지하기: _____ _____ _____

   ➡ 누가 설거지를 할 거니? _____

4 나랑 같이 있기: _____ _____

   ➡ 누가 나랑 같이 있을 거예요? _____

5 책임지기: _____ _____

   ➡ 누가 책임질 것인가요? _____

🔒 When is ~?

1 그 인터뷰: the _____

　➡ 인터뷰가 언제니? _____ _____

2 다음 버스: the _____ _____

　➡ 다음 버스가 언제 있습니까? _____

3 이 책들: _____ _____

　➡ 이 책들은 언제 반납해야 해요? _____

4 방문[면회] 시간들: the _____ _____

　➡ 방문[면회] 시간이 언제입니까? _____

5 다음번 보름달: the _____ _____ _____

　➡ 다음번 보름달은 언제인가요? _____

🔒 When did you ~?

1 너 거기 갔니? Did _____ _____ ?

　➡ 거기는 언제 갔었어? _____

2 너 돌아왔니? _____

　➡ 언제 돌아왔어? _____

3 너는 다리를 다쳤니? _____

　➡ 너 다리를 언제 다친 거야? _____

4 넌 이것에 관해 들었니? _____

　➡ 이것에 관해 들은 게 언제야? _____

5 당신은 그것을 샀나요? _____

　➡ 언제 그것을 구입했습니까? _____

🔒 **패턴 1** Where is / are ~?

1 화장실: the _____

　➡ 화장실이 어디예요? _____ _____ _____

2 출구: the _____

　➡ 출구가 어디입니까? _____

3 그 파티: _____ _____

　➡ 파티는 어디서 해? _____

4 너 바로 지금: _____ _____

　➡ 넌 지금 어디에 있어? _____

5 지하철역: the _____ _____

　➡ 지하철역이 어디예요? _____

🔒 **패턴 2** Where can I ~?

1 나는 잘 수 있다. I can _____.

　➡ 저 어디서 잘 수 있어요? _____ _____ _____

2 나는 지하철을 탈 수 있다. _____

　➡ 전 어디서 지하철을 딜 수 있어요? _____

3 나는 이것을 입어볼 수 있다. _____

　➡ 전 어디서 이것을 입어볼 수 있습니까? _____

4 나는 티켓들을 살 수 있다. _____

　➡ 난 어디서 티켓을 살 수 있어? _____

5 나는 그 책을 찾을 수 있다. _____

　➡ 제가 그 책을 어디서 찾을 수 있나요? _____

🔒패턴 1 Where do you ~?

1 당신은 살고 있다. _____ _____

   ➡️ 당신은 어디에 사세요? _____

2 너는 가고 싶다. _____ _____ _____

   ➡️ 넌 어디로 가고 싶니? _____

3 너는 앉고 싶다. _____ _____ _____

   ➡️ 어디에 앉고 싶어요? _____

4 당신은 내린다. _____ _____ _____

   ➡️ 어디서 내리십니까? _____

5 너는 보통 옷을 산다. _____ _____ _____

   ➡️ 넌 보통 어디서 옷을 사니? _____

🔒패턴 2 Where did you ~?

1 너는 그것을 잃어버렸다. You _____ _____.

   ➡️ 어디서 그것을 잃어버렸니? _____

2 너는 그 소식을 들었다. _____ _____ the _____.

   ➡️ 어디서 그 소식을 들었어? _____

3 넌 네 티셔츠를 샀다. _____ _____ your _____.

   ➡️ 넌 네 티셔츠를 어디서 샀니? _____

4 너는 전에 거기에서 살았다. _____ _____ there _____.

   ➡️ 전에 어디서 살았습니까? _____

5 너는 이 정보를 구했다. _____ _____ _____

   ➡️ 이 정보는 어디서 구했어요? _____

🔒 패턴 1 How do you like ~?

1 너는 네 계란을 좋아한다. You _____ _____ _____.

➡️ 계란은 어떻게 해 줄까? _____

2 너는 새 학교를 좋아한다. _____

➡️ 새로 옮긴 학교는 어때? _____

3 너는 새로 오신 선생님을 좋아한다. _____

➡️ 새로 오신 선생님은 어때? _____

4 너는 그 자전거를 좋아한다. _____

➡️ 자전거는 어떠니[마음에 드니]? _____

5 너는 이 장소를 좋아한다. _____

➡️ 여기 어때요[마음에 들어요]? _____

🔒 패턴 2 How was your ~?

1 너의 주말: your _____

➡️ 너의 주말은 어땠어? _____

2 학교에서의 네 첫날: your _____ _____ at _____

➡️ 학교 첫날은 어땠니? _____

3 너의 제주도로의 여행: _____ _____ Jejudo

➡️ 제주도 여행은 어땠어요? _____

4 오늘밤 너의 식사: _____

➡️ 오늘 저녁 식사는 어땠어요? _____

5 어제 너의 시험: _____

➡️ 어제 시험은 어땠어? _____

🔒 패턴 1 How many ~?

1 너는 매일 밤 잔다. _____

   ➜ 매일 밤 몇 시간을 자요? _____

2 너는 책(들)을 빌릴 것이다. _____

   ➜ 책 몇 권을 빌릴 거니? _____

3 3월에는: _____ _____

   ➜ 3월에는 며칠이 있어요? _____

4 그녀는 인스타 팔로워들이 있다. _____ _____ _____ on Instagram.

   ➜ 그녀는 인스타 팔로워가 몇 명이죠? _____

5 그 수업에 학생들이 있다. _____ _____ _____ in the _____.

   ➜ 그 수업에 학생이 몇 명 있어요? _____

🔒 패턴 2 How much / far / old / tall / long is / are ~?

1 (양·값이) 얼마, 어느 정도: how _____

   ➜ 요금이 얼마에요? _____ _____ _____

2 (거리·정도가) 어디까지: _____ _____

   ➜ 여기서 거리가 얼마나 됩니까? _____

3 (나이) 몇 살: _____ _____

   ➜ 그 소년들은 몇 살이야? _____

4 (키) 얼마, 어느 정도: _____ _____

   ➜ 넌 키가 어떻게 되니? _____

5 (길이, 시간) 얼마나 오래: _____ _____

   ➜ 그 영화는 얼마나 오래 해요? _____

🔒 How often do / does 주어 ~?

1 너는 운동을 하니? Do _____ _____ _____?

   ➡ 얼마나 자주 운동을 하나요? _____

2 당신은 영화를 보나요? _____

   ➡ 당신은 얼마나 자주 영화를 봅니까? _____

3 너는 외식을 하니? _____

   ➡ 얼마나 자주 외식을 하니? _____

4 그 단체는 만나요? _____

   ➡ 그 단체는 얼마나 자주 만나요? _____

5 이 버스는 운행되나요? _____

   ➡ 이 버스는 몇 차례 운행됩니까? _____

🔒 How long does / did it take ~?

1 집에 가기: to _____ _____

   ➡ 집에 가는 데 얼마나 걸렸어요? _____

2 이 요리를 하기: _____ _____ this _____

   ➡ 이 요리를 하는 데 얼마나 걸렸어요? _____

3 공항까지 가기: _____ _____ to _____

   ➡ 공항까지 가는 데 얼마나 걸려요? _____

4 계란 삶기: _____ _____ an _____

   ➡ 계란 하나 삶는 데 얼마나 걸리죠? _____

5 당신의 일을 끝내기: _____ _____ _____

   ➡ 일을 끝내는 데 얼마나 걸렸어요? _____

🔒 패턴 1 Why do / did you ~?

1　너는 그렇게 생각한다. _____ _____ _____

　➡ 왜 그렇게 생각해? _____

2　너는 그렇게 말한다. _____ _____ _____

　➡ 왜 그렇게 말해? _____

3　너는 그것을 좋아한다. _____ _____ _____

　➡ 왜 그것을 좋아해? _____

4　그녀는 나한테 거짓말을 했다. _____

　➡ 왜 그녀는 나한테 거짓말을 했을까? _____ _____ _____ _____

5　당신은 아주 늦게까지 안 자고 있었다. _____

　➡ 왜 그렇게 늦게까지 안 자고 있었어요? _____

🔒 패턴 2 Why don't you / we ~?

1　그것에 관해 생각하다: think _____ _____

　➡ 너 그것에 관해 생각해 보는 게 어때? _____ _____

2　그것을 한번 입어보다: _____ it _____

　➡ 그걸 한번 입어 보는 게 어때요? _____

3　그에게 사실을 말하다: _____ _____ the _____

　➡ 그에게 사실을 말하는 게 어때요? _____

4　뭔가 먹다: _____ _____

　➡ 우리 뭘 좀 먹는 게 어때? _____

5　나중에 이야기하다: _____ _____

　➡ 우리 나중에 얘기하는 게 어때? _____

Answers
정답

Unit 01

My name is ~. / I am ~.

1 My name is Tom. / I am Tom.
2 My name is Jane. / I am Jane.
3 My name is Miko. / I am Miko.
4 My name is Kim Minho. / I am Kim Minho.
5 My name is Henry. / I am Henry.

I am from ~.

1 from Seoul ➜ I am from Seoul.
2 from China ➜ I am from China.
3 from Canada ➜ I am from Canada.
4 from New York ➜ I am from New York.
5 from, United States
   ➜ I am from the United States.

Unit 02

I am ~ years old.

1 twelve years old ➜ I am twelve years old.
2 eleven years old ➜ I am eleven years old.
3 nine years old ➜ I am nine years old.
4 thirteen years old ➜ I am thirteen years old.
5 eight years old ➜ I am eight years old.

I am in the ~ grade.

1 first grade ➜ I am in the first grade.
2 fourth grade ➜ I am in the fourth grade.
3 the fifth grade ➜ I am in the fifth grade.
4 the second grade ➜ I am in the second grade.
5 the sixth grade ➜ I am in the sixth grade.

Unit 03

I am (very / a little) ~.

1 little nervous ➜ I am, little nervous
2 very tired ➜ I am very tired.
3 a little hot ➜ I am a little hot.
4 very excited ➜ I am very excited.
5 a little scared ➜ I am a little scared.

Are you ~ now?

1 You are sad now. ➜ Are you sad now?
2 You are very sleepy. ➜ Are you very sleepy?
3 You are angry now. ➜ Are you angry now?
4 You are bored now. ➜ Are you bored now?
5 You are busy now. ➜ Are you busy now?

Unit 04

I'm not happy with ~.

1 with, school
   ➜ I'm happy with my school.
2 happy with my picture
   ➜ I'm not happy with my picture.
3 happy with this story
   ➜ I'm not happy with this story.
4 happy with this room
   ➜ I'm happy with this room.
5 happy with myself
   ➜ I'm not happy with myself.

Are you happy with ~?

1 with, gift
   ➜ Are you happy with the gift?
2 happy with your job
   ➜ Are you happy with your job?
3 happy with your school life
   ➜ Are you happy with your school life?
4 happy with your new bike
   ➜ Are you happy with your new bike?
5 happy with the service
   ➜ Are you happy with the service?

Unit 05

I'm worried about ~.

1 my exam ➜ I'm worried about my exam.
2 about my future
   ➜ I'm worried about my future.
3 about my friends
   ➜ I'm not worried about my friends.
4 about her health
   ➜ I'm worried about her health.

5   about them ➔ I'm not worried about them.

🔑 패턴2 I'm afraid of ~.

1   of spiders ➔ I'm afraid of spiders.

2   afraid of the dog ➔ I'm not afraid of the dog.

3   afraid of going into, water

   ➔ I'm afraid of going into the water.

4   afraid of boarding, plane

   ➔ I'm afraid of boarding a plane.

5   afraid of getting hurt

   ➔ I'm not afraid of getting hurt.

Unit 06

🔑 패턴1 I'm (very) sorry about ~.

1   the mistake

   ➔ I'm very sorry about the mistake.

2   about the mess ➔ I'm sorry about the mess.

3   about it ➔ I'm sorry about it.

4   about her ➔ I'm sorry about her.

5   about your brother

   ➔ I'm very sorry about your brother.

🔑 패턴2 I'm (very) sorry to ~.

1   bother you ➔ I'm sorry to bother you.

2   to call you late ➔ I'm sorry to call you late.

3   to wake you up ➔ I'm sorry to wake you up.

4   to hear that ➔ I'm very sorry to hear that.

5   to hurt your feelings

   ➔ I'm sorry to hurt your feelings.

Unit 07

🔑 패턴1 I'm so glad to ~.

1   to hear that ➔ I'm so glad to hear that.

2   to be here ➔ I'm glad to be here.

3   to be home again

   ➔ I'm so glad to be home again.

4   to talk to you ➔ I'm glad to talk to you.

5   to help you ➔ I'm glad to help you.

🔑 패턴2 I'm ready to ~.

1   start now ➔ I'm ready to start now.

2   to help you now ➔ I'm ready to help you now.

3   to order ➔ I'm ready to order.

4   to go to school ➔ I'm not ready to go to school.

5   to tell you ➔ I'm not ready to tell you.

Unit 08

🔑 패턴1 Please be ~.

1   quiet ➔ Please be quiet.

2   be happy ➔ Be happy!

3   be seated ➔ Please be seated.

4   be on time ➔ Be on time.

5   with me ➔ Please be with me.

🔑 패턴2 Don't be so ~

1   so noisy ➔ Don't be so noisy.

2   so late ➔ Don't be so late.

3   so nervous ➔ Don't be so nervous.

4   so excited ➔ Don't be so excited.

5   so afraid ➔ Don't be so afraid.

Unit 09

🔑 패턴1 This is my ~.

1   brother, Tom ➔ This is my brother, Tom.

2   my friend, Mary ➔ This is my friend, Mary.

3   my father ➔ This is my father.

4   my sister ➔ This is my sister.

5   my cousin ➔ this is my cousin

🔑 패턴2 These are my ~.

1   my parents ➔ These are my parents.

2   my new friends ➔ These are my new friends.

3   my new shoes ➔ These are my new shoes.

4   my favorite things

   ➔ These are my favorite things.

5   my glasses ➔ These are not my glasses.

Unit 10

🔑 패턴1 Hello, this is ~ speaking.

1   Paul Smith

   ➔ this is Paul Smith speaking

2   This is Jane Brown.

➡ Hello, this is Jane Brown speaking.

3   Sarah, room

➡ Hello, this is Sarah in room

4   your captain ➡ This is your captain speaking.

5   This is, police station

➡ Hello, is this the police station?

🔑 패턴2 **This is my ~.**

1   first visit ➡ This is my first visit.

2   my seat ➡ This is my seat.

3   my size ➡ This is my size.

4   my stop ➡ This is my stop.

5   my name ➡ This is not my name.

Unit 11

🔑 패턴1 **He is _____'s ~.**

1   Jane's father ➡ He is Jane's father.

2   Bob's role model ➡ He is Bob's role model.

3   Jack's brothers ➡ They are Jack's brothers.

4   Tom's best friend ➡ He is, Tom's best friend

5   Peter's children ➡ They are not Peter's children.

🔑 패턴2 **Is he / she really ~?**

1   really busy ➡ Is he really busy?

2   really full ➡ Is she really full?

3   really sick ➡ Is he really sick?

4   really better ➡ Is she really better?

5   really alive ➡ Is he really alive?

Unit 12

🔑 패턴1 **We're / I'm going to ~.**

1   eat out ➡ We're going to eat out.

2   to take the subway

➡ We're going to take the subway.

3   to stay home ➡ I'm going to stay home.

4   to lose weight ➡ I'm going to lose weight.

5   to meet him again

➡ Are you going to meet him again?

🔑 패턴2 **I'm not going to ~.**

1   give up ➡ I'm not going to give up.

2   to tell, lie ➡ I'm not going to tell a lie.

3   to be alone ➡ I'm not going to be alone.

4   to eat it ➡ I'm not going to eat it.

5   to invite you ➡ I'm not going to invite you.

Unit 13

🔑 패턴1 **Is there a ~ nearby?**

1   restroom nearby ➡ Is there a restroom nearby?

2   a supermarket nearby

➡ Is there a supermarket nearby?

3   a library nearby ➡ Is there a library nearby?

4   a bank nearby ➡ There is a bank nearby.

5   a bookstore nearby

➡ There isn't a bookstore nearby.

🔑 패턴2 **There are so many ~.**

1   many interesting books

➡ There are so many interesting books.

2   so many people ➡ There are so many people.

3   so many tests ➡ There are so many tests.

4   so many things to do

➡ There are so many things to do.

5   so many questions to ask

➡ There are so many questions to ask.

Unit 14

🔑 패턴1 **I'm 동사-ing ~ now.**

1   reading, book ➡ I'm reading a book now.

2   buying a gift ➡ I'm buying a gift now.

3   going home ➡ I'm going home now.

4   taking off my shoes

➡ I'm taking off my shoes now.

5   looking for my glasses

➡ I'm looking for my glasses now.

🔑 패턴2 **Are you still 동사-ing ~?**

1   working here ➡ Are you still working here?

2   playing the game

➡ Are you still playing the game?

3   living in Seoul ➡ Are you still living in Seoul?

4   using the phone

➜ Are you still using the phone?

5 waiting for your turn

➜ Are you still waiting for your turn?

Chapter 2 Unit 15~28

Unit 15

🔑 **패턴1 I really feel like ~.**

1 dancing ➜ I really feel like dancing.

2 like humming ➜ I feel like humming.

3 like eating something

➜ I really feel like eating something.

4 like talking tonight ➜ I feel like talking tonight.

5 like going swimming

➜ I feel like going swimming.

🔑 **패턴2 I don't feel like ~.**

1 now ➜ I don't feel like eating now.

2 doing anything

➜ I don't feel like doing anything.

3 playing with my friends

➜ I don't feel like playing with my friends.

4 studying today ➜ I don't feel like studying today.

5 going to school

➜ I don't feel like going to school.

Unit 16

🔑 **패턴1 I have ~.**

1 two brothers ➜ I have two brothers.

2 an idea ➜ I have an idea.

3 some paper ➜ I have some paper.

4 my passport ➜ I don't have my passport.

5 time ➜ I don't have time now.

🔑 **패턴2 Do you have any ~?**

1 pets ➜ Do you have any pets?

2 have, ideas ➜ Do you have any ideas?

3 have, hobbies ➜ Do you have any hobbies?

4 have some questions

➜ Do you have any questions?

5 have some plans ➜ Do you have any plans?

Unit 17

🔑 **패턴1 I have / He has a ~.**

1 bad cold ➜ I have a bad cold.

2 a stiff neck ➜ He has a stiff neck.

3 runny nose ➜ I have a runny nose.

4 a sore throat ➜ I have a sore throat.

5 a high fever ➜ I have a high fever.

🔑 **패턴2 Does it have ~?**

1 black spots ➜ Does it have black spots?

2 have long hair ➜ Does it have long hair?

3 have, small mouth

➜ Does it have a small mouth?

4 have big eyes ➜ Does it have big eyes?

5 have a good nose ➜ Does it have a good nose?

Unit 18

🔑 **패턴1 I have ~ for breakfast.**

1 cereal for breakfast

➜ I have cereal for breakfast.

2 sandwiches for breakfast

➜ I have sandwiches for breakfast.

3 nothing for breakfast

➜ I have nothing for breakfast.

4 rice, soup for breakfast

➜ I had rice and soup for breakfast.

5 fried egg for breakfast

➜ I had a fried egg for breakfast.

🔑 **패턴2 Have a good ~.**

1 good sleep ➜ Have a good sleep.

2 a good weekend ➜ Have a good weekend.

3 a good day ➜ Have a good day.

4 a good trip ➜ Have a good trip!

5 a good flight ➜ Have a good flight.

Unit 19

🔑 **패턴1 I know ~.**

1 her ➜ I know her.

2　know this game ➔ I know this game.

3　know his address ➔ I know his address.

4　know about science ➔ I know about science.

5　know about the rumor

　　➔ I know about the rumor.

패턴2 Do you hear ~?

1　hear the rain ➔ Do you hear the rain?

2　hear the voice ➔ Do you hear the voice?

3　hear the fire alarm ➔ Do you hear the fire alarm?

4　hear the people sing

　　➔ Do you hear the people sing?

5　hear from Tom ➔ Do you hear from Tom?

Unit 20

패턴1 You look ~ today.

1　tired ➔ You look tired today.

2　look nervous ➔ You look nervous today.

3　look pale ➔ You look pale today.

4　look happy ➔ You look happy today.

5　look busy ➔ You don't look busy today.

패턴2 You look like ~.

1　your mother ➔ You look like your mother.

2　like father, son

　　➔ You look like father and son.

3　like an idiot ➔ You look like an idiot.

4　like a fashion model

　　➔ You look like a fashion model.

5　like a nice man ➔ You look like a nice man.

Unit 21

패턴1 I like your ~ very much.

1　your new coat ➔ I like your new coat very much.

2　your voice ➔ I like your voice very much.

3　your hairstyle ➔ I like your hairstyle very much.

4　your idea ➔ I like your idea very much.

5　your sister ➔ I like your sister very much.

패턴2 I don't like to ~.

1　do this ➔ I don't like to do this.

2　to talk, lot ➔ I don't like to talk a lot.

3　to eat fish ➔ I don't like to eat fish.

4　to fight with you ➔ I don't like to fight with you.

5　to travel by train ➔ I like to travel by train.

Unit 22

패턴1 I'd like some ~, please.

1　some warm water

　　➔ I'd like some warm water, please.

2　some more kimchi

　　➔ I'd like some more kimchi, please.

3　some flowers ➔ I'd like some flowers, please.

4　some ice cream

　　➔ I'd like some ice cream, please.

5　some ketchup on, hotdog

　　➔ I'd like some ketchup on the hotdog, please.

패턴2 I'd like to ~.

1　you ➔ I'd like to help you.

2　speak to ➔ I'd like to speak to Jane.

3　to check out ➔ I'd like to check out.

4　to be your friend ➔ I'd like to be your friend.

5　to buy, hat ➔ I'd like to buy a hat.

Unit 23

패턴1 Let's ~ soon.

1　get together ➔ Let's get together soon.

2　have lunch ➔ Let's have lunch soon.

3　leave soon ➔ Let's leave soon.

4　do it ➔ Let's do it soon.

5　go back ➔ Let's not go back.

패턴2 Let me ~.

1　think ➔ Let me think.

2　I see ➔ Let me see.

3　I use your phone. ➔ Let me use your phone.

4　I have it. ➔ Let me have it.

5　I introduce myself. ➔ Let me introduce myself.

Unit 24

패턴1 I need ~.

1   something to eat ➜ I need something to eat.

2   bigger size ➜ I need a bigger size.

3   some exercise ➜ I need some exercise.

4   buy, gift ➜ I need to buy a gift.

5   go now ➜ I need to go now.

패턴 2 You don't need to ~.

1   wait ➜ You don't need to wait for me.

2   to tell us ➜ You don't need to tell us.

3   to be scared ➜ You don't need to be scared.

4   to leave now ➜ You don't need to leave now.

5   to cook dinner ➜ Do you need to cook dinner?

Unit 25

패턴 1 I/He usually take/takes ~.

1   take, rest ➜ I usually take a rest in the evening.

2   take a shower

    ➜ I usually take a shower in the morning.

3   a nap

    ➜ He usually takes a nap in the afternoon.

4   take a bath ➜ He usually takes a bath at night.

5   take a class ➜ He usually takes a class at night.

패턴 2 We took ~ yesterday.

1   take a taxi ➜ We took a taxi yesterday.

2   take, quiz ➜ We took a quiz yesterday.

3   a picture ➜ We took a picture yesterday.

4   take a trip ➜ We took a trip yesterday.

5   take a math test

    ➜ We took a math test yesterday.

Unit 26

패턴 1 Thanks a lot for ~.

1   everything ➜ Thanks a lot for everything.

2   for, ride ➜ Thanks a lot for the ride.

3   for your time ➜ Thanks a lot for your time.

4   for the book ➜ Thanks a lot for the book.

5   for the invitation

    ➜ Thanks a lot for the invitation.

패턴 2 Thank you for ~.

1   calling back ➜ Thank you for calling back.

2   for inviting me ➜ Thank you for inviting me.

3   for coming today

    ➜ Thank you for coming today.

4   for saying that ➜ Thank you for saying that.

5   for listening ➜ Thank you for listening.

Unit 27

패턴 1 I think ~.

1   is enough ➜ I think this is enough.

2   It looks nice. ➜ I think it looks nice.

3   You're right. ➜ I think you're right.

4   It's too big. ➜ I think it's too big.

5   They'll come. ➜ I think they'll come.

패턴 2 I don't believe ~.

1   lied to me ➜ I don't believe he lied to me.

2   That's, mistake ➜ I believe that's a mistake.

3   She did it. ➜ I don't believe she did it.

4   He's dead. ➜ I don't believe he's dead.

5   You're from New York.

    ➜ I believe you're from New York.

Unit 28

패턴 1 I don't want to ~.

1   listen, you ➜ I don't want to listen to you.

2   to hurt you ➜ I don't want to hurt you.

3   to see her ➜ I don't want to see her.

4   to talk about ➜ I don't want to talk about it.

5   to study ➜ She doesn't want to study.

패턴 2 Do you want to ~?

1   dance ➜ Do you want to dance?

2   to have lunch now

    ➜ Do you want to have lunch now?

3   to live happily ➜ Do you want to live happily?

4   to be smarter ➜ Do you want to be smarter?

5   to go home ➜ Do you want to go home?

Unit 29

패턴 1 주어 can ~.

1 do it ➡ You can do it!

2 rides, bike ➡ Mary can ride a bike.

3 We pass the exam. ➡ We can pass the exam.

4 draws pictures ➡ Bob can draw pictures.

5 They come with us. ➡ They can come with us.

패턴 2 주어 can't ~.

1 the box, myself

   ➡ I can't carry the box by myself.

2 gets here, time

   ➡ John can't get here in time.

3 We talk long. ➡ We can't talk long.

4 Jane answers, question

   ➡ Jane can't answer a question.

5 I find my bag. ➡ I can't find my bag.

Unit 30

패턴 1 Can I ~?

1 help you ➡ Can I help you?

2 take your order ➡ Can I take your order?

3 sit next to you ➡ Can I sit next to you?

4 try this on ➡ Can I try this on?

5 I borrow this book. ➡ Can I borrow this book?

패턴 2 Could I ~, please?

1 use your bathroom

   ➡ Could I use your bathroom, please?

2 I take the exam tomorrow.

   ➡ Could I take the exam tomorrow, please?

3 I take your picture.

   ➡ Could I take your picture, please?

4 I have, phone number

   ➡ Could I have your phone number, please?

5 I see, menu ➡ Could I see a menu, please?

Unit 31

패턴 1 Can you help me with ~?

1 my bags ➡ Can you help me with my bags?

2 with the dishes

   ➡ Can you help me with the dishes?

3 with the chairs

   ➡ Can you help me with the chairs?

4 with dinner ➡ Can you help me with dinner?

5 with this problem

   ➡ Can you help me with this problem?

패턴 2 Could you please ~?

1 at this ➡ Could you please look at this?

2 do me, favor ➡ Could you please do me a favor?

3 You say that again.

   ➡ Could you please say that again?

4 You fasten your seat belt.

   ➡ Could you please fasten your seat belt?

5 You close, window

   ➡ Could you please close the window?

Unit 32

패턴 1 주어 will / won't ~.

1 go to bed early ➡ I will go to bed early.

2 They arrive. ➡ They will arrive soon.

3 He keeps, promise

   ➡ He will keep his promise.

4 We do our best. ➡ We will do our best.

5 She lies to us. ➡ She won't lie to us.

패턴 2 Will you ~?

1 go with us ➡ Will you go with us?

2 You join our club. ➡ Will you join our club?

3 You, at home tonight

   ➡ Will you be at home tonight?

4 You lend me, bike

   ➡ Will you lend me your bike?

5 You read the book. ➡ Will you read the book?

Unit 33

패턴 1 주어 may (not) ~.

1 wrong ➡ You may be wrong.

2 win this time ➡ We may win this time.

3 rain, Friday ➡ It may rain on Friday.

4 They want, talk ➡ They may not want to talk.

5 thinks so ➡ Mary may not think so.

패턴 2 May I ~?

1 turn on the light ➡ May I turn on the light?

2 open the door ➡ May I open the door?

3 borrow your pen ➡ May I borrow your pen?

4 look around ➡ May I look around?

5 change my seat ➡ May I change my seat?

Unit 34

패턴 1 주어 have to ~.

1 do, best ➡ I have to do my best.

2 You relax. ➡ You have to relax.

3 We transfer here. ➡ We have to transfer here.

4 You talk to your mother.
   ➡ You have to talk to your mother.

5 We change the time.
   ➡ We have to change the time.

패턴 2 주어 has to ~.

1 She has, passport
   ➡ She has to have her passport.

2 is today ➡ It has to be today.

3 He, choose ➡ He has to choose.

4 She, quit ➡ She has to quit.

5 It, arrive here tomorrow
   ➡ It has to arrive here tomorrow.

Unit 35

패턴 1 주어 don't have to ~.

1 have to stay here ➡ You don't have to stay here.

2 You have to shout. ➡ You don't have to shout.

3 They have to hurry. ➡ They don't have to hurry.

4 We have to worry. ➡ We don't have to worry.

5 You have to say that.

➡ You don't have to say that.

패턴 2 주어 doesn't have to ~.

1 She, to read the book
   ➡ She doesn't have to read the book.

2 She has to go with you.
   ➡ She doesn't have to go with you.

3 It has to be fancy. ➡ It doesn't have to be fancy.

4 He has to change subways.
   ➡ He doesn't have to change subways.

5 He has to wait longer.
   ➡ He doesn't have to wait any longer.

Unit 36

패턴 1 Do 주어 have to ~?

1 have to do it over again
   ➡ Do I have to do it over again?

2 We have to stand here.
   ➡ Do we have to stand here?

3 You have to be so cruel.
   ➡ Do you have to be so cruel?

4 You have to be here.
   ➡ Do you have to be here?

5 They have to stay with us.
   ➡ Do they have to stay with us?

패턴 2 Does 주어 have to ~?

1 to wait here
   ➡ Does she have to wait here?

2 Mary has to pick you up.
   ➡ Does, have to pick you up?

3 It has to be in English.
   ➡ Does it have to be in English?

4 She has to take care of the baby.
   ➡ Does she have to take care of the baby?

5 Tom has to install the programs.
   ➡ Does, have to install the program?

Unit 37

패턴 1 주어 should ~.

1 start again ➡ We should start again.

60

2 see a doctor ➜ He should see a doctor.

3 eat more vegetables

   ➜ She should eat more vegetables.

4 learn how to swim

   ➜ I should learn how to swim.

5 set, alarm ➜ You should set the alarm.

패턴2 You shouldn't ~.

1 talk that way ➜ You shouldn't talk that way.

2 You should give up. ➜ You shouldn't give up.

3 You should talk loudly.

   ➜ You shouldn't talk loudly.

4 You should be alone right now.

   ➜ You shouldn't be alone right now.

5 You should skip school.

   ➜ You shouldn't skip school.

Unit 38

패턴1 I think I should ~.

1 should, more sleep

   ➜ I think I should get more sleep.

2 should call her ➜ I think I should call her.

3 should give it a try

   ➜ I think I should give it a try.

4 should say something

   ➜ I think I should say something.

5 should book tickets today

   ➜ I think I should book tickets today.

패턴2 What should I/we ~?

1 should wear, today

   ➜ What should I wear today?

2 should ask for ➜ What should I ask for?

3 should tell our parents

   ➜ What should we tell our parents?

4 should have, for lunch today

   ➜ What should we have for lunch today?

5 should take, to the gym

   ➜ What should I take to the gym?

Unit 39

패턴1 What is ~ like?

1 your mother ➜ What is your mother like?

2 your best friend ➜ What is your best friend like?

3 subway, Korea

   ➜ What is the subway like in Korea?

4 life in China ➜ What is life like in China?

5 your school here

   ➜ What is your school like here?

패턴2 What about ~?

1 about you ➜ What about you?

2 about meeting at five

   ➜ What about meeting at five?

3 about this box ➜ What about this box?

4 about the kids ➜ What about the kids?

5 about our exam tomorrow

   ➜ What about our exam tomorrow?

Unit 40

패턴1 What time is ~?

1 sunset today

   ➜ What time is the sunset today?

2 your flight tomorrow

   ➜ What time is your flight tomorrow?

3 soccer match today

   ➜ What time is the soccer match today?

4 visiting hours ➜ What time are visiting hours?

5 in New York ➜ What time is it in New York?

패턴2 What time do you ~?

1 go to bed

   ➜ What time do you usually go to bed?

2 leave home ➜ What time do you leave home?

3 close today ➜ What time do you close today?

4 get home ➜ What time do you get home?

5 eat dinner ➜ What time do you eat dinner?

Unit 41

패턴1 What a/an ~(형용사+명사)!

1 amazing film ➡ What an amazing film!

2 small world ➡ What a small world!

3 a hot day ➡ What a hot day!

4 fast runner ➡ What a fast runner!

5 nice pictures ➡ What nice pictures!

패턴2 What a/an ~(명사)!

1 shame ➡ What a shame!

2 relief ➡ What a relief!

3 pity ➡ What a pity!

4 surprise ➡ What a surprise!

5 great idea ➡ What a great idea!

Unit 42

패턴1 Who is/are your ~?

1 your father ➡ Who is your father?

2 your friends ➡ Who are your friends?

3 your favorite singers

   ➡ Who are your favorite singers?

4 your favorite soccer player

   ➡ Who is your favorite soccer player?

5 your role model ➡ Who is your role model?

패턴2 Who wants ~?

1 ice cream ➡ Who wants ice cream?

2 want pizza ➡ Who wants pizza?

3 want, juice ➡ Who wants some juice?

4 want, board game

   ➡ Who wants to play a board game?

5 want, next ➡ Who wants to be next?

Unit 43

패턴1 Who can ~?

1 help me ➡ Who can help me?

2 play the violin ➡ Who can play the violin?

3 stop him ➡ Who can stop him?

4 take care, the dog

   ➡ Who can take care of the dog?

5 translate this, English

   ➡ Who can translate this into English?

패턴2 Who is going to ~?

1 use it ➡ Who is going to use it?

2 to win the finals

   ➡ Who is going to win the finals?

3 to do the dishes

   ➡ Who is going to do the dishes?

4 to be with me ➡ Who is going to be with me?

5 to take the blame

   ➡ Who is going to take the blame?

Unit 44

패턴1 When is ~?

1 interview ➡ When is the interview?

2 next bus ➡ When is the next bus?

3 these books ➡ When are these books due?

4 visiting hours ➡ When are the visiting hours?

5 next full moon ➡ When is the next full moon?

패턴2 When did you ~?

1 you go there? ➡ When did you go there?

2 Did you get back? ➡ When did you get back?

3 Did you hurt your leg?

   ➡ When did you hurt your leg?

4 Did you hear about this?

   ➡ When did you hear about this?

5 Did you buy it? ➡ When did you buy it?

Unit 45

패턴1 Where is/are ~?

1 restroom ➡ Where is the restroom?

2 exit ➡ Where is the exit?

3 the party ➡ Where is the party?

4 you right now ➡ Where are you right now?

5 subway station ➡ Where is the subway station?

패턴2 Where can I ~?

1 sleep ➡ Where can I sleep?

2 I can take the subway.

   ➡ Where can I take the subway?

3 I can try this on. ➜ Where can I try this on?

4 I can buy tickets. ➜ Where can I buy tickets?

5 I can find the book.

　➜ Where can I find the book?

Unit 46

🔑 패턴1 **Where do you ~?**

1 You live. ➜ Where do you live?

2 You want to go.

　➜ Where do you want to go?

3 You want to sit. ➜ Where do you want to sit?

4 You get off. ➜ Where do you get off?

5 You usually buy clothes.

　➜ Where do you usually buy clothes?

🔑 패턴2 **Where did you ~?**

1 lost it ➜ Where did you lose it?

2 You heard, news

　➜ Where did you hear the news?

3 You bought, T-shirt

　➜ Where did you buy your T-shirt?

4 You lived, before

　➜ Where did you live before?

5 You got this information.

　➜ Where did you get this information?

Unit 47

🔑 패턴1 **How do you like ~?**

1 like your eggs

　➜ How do you like your eggs?

2 You like your new school.

　➜ How do you like your new school?

3 You like your new teacher.

　➜ How do you like your new teacher?

4 You like the bike.

　➜ How do you like the bike?

5 You like this place.

　➜ How do you like this place?

🔑 패턴2 **How was your ~?**

1 weekend ➜ How was your weekend?

2 first day, school

　➜ How was your first day at school?

3 your trip to ➜ How was your trip to Jejudo?

4 your meal tonight

　➜ How was your meal tonight?

5 your exam yesterday

　➜ How was your exam yesterday?

Unit 48

🔑 패턴1 **How many ~?**

1 You sleep every night.

　➜ How many hours do you sleep every night?

2 You will borrow books.

　➜ How many books will you borrow?

3 in March

　➜ How many days are there in March?

4 She has followers

　➜ How many followers does she have on
　　Instagram?

5 There are students, class

　➜ How many students are there in the class?

🔑 패턴2 **How much/far/old/tall/long is/are ~?**

1 much ➜ How much is the fare?

2 how far ➜ How far is it from here?

3 how old ➜ How old are the boys?

4 how tall ➜ How tall are you?

5 how long ➜ How long is the movie?

Unit 49

🔑 패턴1 **How often do/does 주어 ~?**

1 you work out

　➜ How often do you work out?

2 Do you watch a movie?

　➜ How often do you watch a movie?

3 Do you eat out? ➜ How often do you eat out?

4 Does the group meet?

　➜ How often does the group meet?

5 Does the bus run?

　➜ How often does the bus run?

패턴2 How long does / did it take ~?

1 go home ➜ How long did it take to go home?

2 to cook, dish

　➜ How long did it take to cook this dish?

3 to get, the airport

　➜ How long does it take to get to the airport?

4 to boil, egg

　➜ How long does it take to boil an egg?

5 to finish your work

　➜ How long did it take to finish your work?

Unit 50

패턴1 Why do / did you ~?

1 You think so. ➜ Why do you think so?

2 You say that. ➜ Why do you say that?

3 You like it. ➜ Why do you like it?

4 She lied to me. ➜ Why did she lie to me?

5 You stayed up so late.

　➜ Why did you stay up so late?

패턴2 Why don't you / we ~?

1 about that ➜ Why don't you think about that?

2 try, on ➜ Why don't you try it on?

3 tell him, truth

　➜ Why don't you tell him the truth?

4 eat something ➜ Why don't we eat something?

5 talk later ➜ Why don't we talk later?

64

초등 영어 리더의 한 수

영리한

영문장 쓰기

Workbook